Juan Calvino, el reformador de Ginebra

Giorgio Tourn

EDITORIAL CLIE
C/Ferrocarril 8
08232 VILADECAVALLS
(Barcelona) ESPAÑA
E-mail: clie@clie.es
http://www.clie.es

Publicado originalmente por Claudiana srl bajo el título
Giovanni Calvino, il riformatore di Ginevra por Giorgio Tourn.
Copyright © Claudiana, 2009. Torino.

Traducción y adaptación al castellano: Luis Vázquez Buenfil
Revisión final: Leopoldo Cervantes-Ortiz

© 2016 Editorial CLIE, para esta edición en español

JUAN CALVINO, EL REFORMADOR DE GINEBRA
ISBN: 978-84-9445-277-2

Depósito legal: B. 10853-2016
Biografía
Historia
Referencia: 224958

ÍNDICE

Una palabra del autor

Giorgio Tourn

Este libro es una historia muy simple, poco más que un esbozo, sobre la vida del reformador de Ginebra y, como todos los libros, tiene su propia historia. No nació por casualidad. Cuando apareció por primera vez (en 1965), se trataba de un pequeño folleto que la editorial Claudiana, la casa de publicaciones de los valdenses de Turín, había planeado dentro de la serie "Biografías de protestantes ejemplares", planeada para lectores adolescentes.

Se trataba de evocar a un personaje desconocido cuya biografía tiene muy pocas aventuras emocionantes, quien al parecer sólo vivía en los libros, pero que hizo historia. Hice todo lo posible para "contar al hombre de Ginebra" y pude constatar que la experiencia resultó emocionante, pero me fue mucho más difícil abordar su teología. Cuando el editor pidió que transformara ese folleto en un libro para un público adulto, en esa época estaba trabajando en la primera traducción italiana de la *Institución de la religión cristiana*, la obra maestra de Calvino. Naturalmente rechacé el trabajo porque tenía la impresión de bajar el nivel de un mundo genial al ámbito de lo banal.

Posteriormente, teniendo en cuenta que este libro tenía como destinatario el público italiano que, hasta finales del siglo XX, ignoraba de manera casi absoluta los acontecimientos relacionados con la Reforma Protestante, cambié de opinión. Los universitarios tienen naturalmente a su disposición todos las obras publicadas para adquirir la información necesaria, pero los conocimientos de los lectores comunes rara vez son superiores a aquellos de los adolescentes de mi primer folleto, es decir, piensan que los protestantes son solamente los disidentes heréticos que pusieron en crisis la Europa cristiana y su unidad. Cuando se menciona a Calvino en esos medios, se afirma que fue el intelectual que inventó la doctrina de la predestinación que suprimió la libertad y que cualquier persona razonable no puede aceptar. Es el "dictador de Ginebra" que transformó la ciudad en un campo de concentración y, sobre todo, es el personaje que condenó a Servet a la hoguera. Frente a esas imágenes, no pude más que aceptar el reto y, teniendo constantemente presentes a los futuros lectores en la elaboración de este pequeño libro, evoqué no sólo al personaje sino también las cuestiones teológicas y culturales surgidas en el siglo XVI. No sabría decir si ese trabajo ayudó a cambiar las opiniones comunes, aunque eso siempre es difícil de lograr especialmente en el ámbito religioso.

Cuando esta pequeña "vida de Calvino" dejó Italia y entró a Francia, gracias al catálogo de las ediciones Olivétan (2008), me sorprendí enormemente: los lectores franceses conocen a su compatriota mucho mejor que los italianos y tienen a su disposición todo tipo de trabajos para documentarse. Naturalmente, estoy aún más sorprendido al ver este pequeño libro proseguir su viaje y saber que esta edición en castellano hablará a los lectores que utilizan el idioma de Miguel Servet e Ignacio de Loyola, dos grandes intelectuales que plantearon, como lo hizo Calvino, el problema de la religión cristiana en los comienzos del mundo moderno.

Turín, 13 de marzo de 2016

Prólogo

Pierre Gisel[*]

Nacido en 1930, Giorgio Tourn es pastor de la Iglesia Valdense del Piamonte (norte de Italia),[1] iglesia que, después de que el disidente y fundador del movimiento "Pobres de Lyon" hacia 1170, Pedro Valdo o Valdés; se unió a la reforma protestante del siglo XVI (una decisión de 1532). El libro que presentamos aquí es una bella obra de divulgación, en el mejor sentido del término. Nos adentra, de una manera agradable, a la acción y al pensamiento de Calvino, siguiendo sus pasos en un siglo XVI donde todo se mueve en la cristiandad latina: diversas reformas, el humanismo, el comienzo de lo que los historiadores llaman hoy la "primera modernidad", que ya no es la Edad Media, incluso si las líneas que dividen estas periodizaciones nunca son claras y persisten los legados y otros matrices.

Ese siglo XVI no es aún la modernidad tal como nosotros la entendemos, la de las Luces, con sus afirmaciones políticas y sus nuevas relaciones con la historia, atravesada por la emancipación y por la autonomía del sujeto, e incluso si, allí también, se pueden ver, *a posteriori*, anticipaciones y pensamientos sobre esos momentos, aunque fuesen diferidos.

Tourn nos hace sentir excelentemente el contexto histórico, cultural, eclesial y político de los compromisos y de la obra de Calvino, el francés que terminará por ser conocido como "el reformador de Ginebra", el hombre que aseguró o, en todo caso, institucionalizó la Reforma, por cierto, bajo un modelo original, muy diferente del modelo de Lutero y de los príncipes alemanes. La de Ginebra fue también una Reforma muy diferente de la de las otras ciudades suizas (Zúrich, Basilea y Berna, todas ellas marcadas por el sello de Zwinglio). Fue otra reforma, también

---

[*] Profesor honorario de Teología sistemática de la Facultad de Teología y de Ciencias de las Religiones de la Universidad de Lausana, Suiza, ex pastor de la Iglesia Protestante de Ginebra. Autor, entre otros, de *Le Christ de Calvin*. París, Desclée, 1990 (2a ed., corregida y aumentada, 2009) y director editorial de la *Encyclopédie du Protestantisme*. París-Ginebra, Cerf-Labor et Fides, 1995 (2a ed. aumentada: París-Ginebra, Presses Universitaires de France-Labor et Fides, 2006).

[1] Giorgio Tourn ha publicado varias obras sobre la historia de esta Iglesia, desde su fundación hasta la actualidad.

diferente por supuesto, de la que emanó del Concilio de Trento (1645-1663) para dar forma a la Reforma Católica o Contrarreforma.

Las circunstancias históricas son siempre decisivas para comprender lo que está sucediendo y dejarse instruir por ello. Para introducir y poner en perspectiva lo que sucede y en qué forma, en sus fortalezas y limitaciones. El libro de Tourn proporciona bien estas dos últimas características, aunque no siempre está exento de un poco de apologética, en el tono e, incluso, a veces va más allá.[2] ¿Por qué? Porque el autor de este texto está comprometido y es un hombre de convicciones.

Comprender la Reforma y regresar a ella no consiste en aislar el momento y las afirmaciones para repetirlos, como si ellos pudieran cristalizar fuera de su contexto. Al contrario, es en relación con su tiempo que una posición asumida y defendida —e, incluso aquí, instaurada o edificada—, es lo realmente significativo (en su momento, una preocupación constante de Calvino). Y es así que ella debe ser evaluada, por lo que fueron su fuerza y sus debilidades, como toda posición.

Tourn hace ver más allá de las caricaturas que se refieren a Calvino (y vaya que son bastantes): el supuesto autoritarismo (que debe ser matizado al mínimo), la ausencia de diferenciación entre política y religión (que, como tal, es falsa), una moralización extensa (lo que debe ser puesto de nuevo en su época, sobre todo al comienzo de la primera modernidad, globalmente "disciplinaria", como diría Michel Foucault).

En ocasiones se piensa espontáneamente en la Reforma Protestante como *la* antítesis del catolicismo. Pero antes hay que ver que este catolicismo fue diverso y lo sigue siendo. En este caso, se trata, en la primera mitad del siglo XVI, de un catolicismo atravesado por movimientos de reforma (incluyendo tanto a Calvino como a Lutero, quienes participan en ellos, antes de tener que adaptarse a una ruptura de hecho).

Por otra parte, no hay que olvidar que el catolicismo de la Reforma Católica, posttridentino, presentará una cara muy diferente del catolicismo de la Edad Media. En el siglo XVI, todo el mundo se movió para hacer frente a datos y nuevas preguntas, pero todos, como es normal, no lo hicieron de la misma manera y no respondieron igual a las preguntas de su época. A esto se suma el hecho de que, al lado de la Iglesia Católica y

---

[2] Este aspecto me parece más claro en el último capítulo, el 5, "La nueva Ginebra" y, de pronto, vuelve la imagen expuesta menos convincente, a veces demasiado centrada sólo en Calvino y focalizándose únicamente en Ginebra. De esta manera no hace verdaderamente justicia a las posiciones católicas que expone.

los reformadores protestantes, también surgió la Reforma "radical", es decir, los anabautistas, así como la reforma de los disidentes más libertinos. En este punto, el trabajo de Tourn es también un esclarecedor recordatorio de que Calvino luchó, por así decir, contra dos frentes, y que el frente constituido por la Reforma "radical", de tipo utópico o anarquista, tanto en materia política como religiosa, para él, era igualmente tan decisivo como el frente "anti-papista".

En este libro, el lector encontrará, al mismo tiempo, a un Calvino preocupado por los contactos internacionales y por los acuerdos interconfesionales, especialmente con los zwinglianos, donde él pasa primero el interés de un tratado antes que la afirmación de sus propias y únicas posiciones. Tourn no entra aquí en el desarrollo de las temáticas teológicas que están en juego (no es que no las conozca, pues fue quien tradujo al italiano la magna obra de Calvino, la *Institución de la religión cristiana*). A través del recorrido por el que nos conduce, sin embargo, los señala y los sitúa, lo que ya es bastante.

Los protestantes celebrarán, en 2017, el 500° aniversario de las 95 tesis de Lutero que pusieron en marcha la Reforma, entonces en relación con las indulgencias que dieron lugar, histórica y simbólicamente, a la "escena primitiva".[3] Bella oportunidad para ocuparse de un pasado. Bella oportunidad para releerlo y cuestionarse, como debe hacerse con cualquier tiempo pasado. Bella oportunidad para descubrir que este pasado es más diverso de lo que a veces se piensa y, tal vez, un poco diferente de como nos hubiera gustado que fuese. Todo esto es esencial. Y todo esto debe ser repensado en el marco de una época, la nuestra, que no es la misma.

Una vez más, se requiere dejarse instruir por el pasado —focalizarse sólo en el presente, puede resultar cegador—, pero no con el objetivo de repetir el pasado. Para los protestantes no se trata de repetir a los reformadores, sea Calvino o los demás. Como, para todos los cristianos, tampoco hay que repetir los comienzos del cristianismo. Asimismo, la distancia y la diferencia temporal no nos obligan solamente a reinventar, aunque esto lo reclama un pasado. Ésta debe ser también la ocasión para mejor medir los límites, las ambivalencias y los propios riesgos. No para hacer reproches a quienes nos precedieron sino para, nuevamente, dejarse instruir. Todo movimiento tiene sus ambivalencias y sus efectos instructivos, aunque no todos hayan sido los deseados.

---

[3] El lugar de la "justificación por la fe" que es un principio al que Calvino se adhería tanto como Lutero, incluso si ellos lo ponen en acción y lo vuelven operacional en el coración de exposiciones teológicas muy diferentes y de construcciones eclesiásticas y sociales también muy diferentes.

La diferencia confesional entre católicos y protestantes deberá, entre otras cuestiones, ser el objeto de una evaluación a distancia. Es que allí también —y allí, más precisamente— cada una de las posiciones presenta sus fortalezas y sus debilidades, cada vez relacionadas entre sí: las debilidades son con frecuencia el reverso de tal fuerza y se trata de tomar la medida del conjunto. Esto se logrará especialmente hacer a partri de varios ejes: primero, el eje de las *mediaciones* (los protestantes a menudo han denunciado las mediaciones establecidas por el catolicismo como fuentes de la idolatría, pero, de pronto, han soñado con formas religiosas fuera de las inscripciones sociológicamente consistentes).

Sobre el eje de la *institucionalización* (los protestantes suelen frecuentemente sospechar de la institución, como cerrazón, es decir, como una traición, pero han sido repentinamente débiles para dar socialmente cuerpo al Evangelio, fuera de las disidencias).

Sobre el eje de la *relación con la cultura* (los protestantes critican con frecuencia los compromisos católicos con las culturas de la época, populares u otras, recalcando gustosamente la especificidad y la pureza del Evangelio, pero esas actitudes pueden conducir pronto a posiciones, de hecho, sectarizantes).

Sobre el eje de la *relación con la historia* (los protestantes han criticado la tradición, lo que es siempre querido por todos, pero, sorprendentemente, no siempre han estado exentos del fantasma de afirmar un supuesto "origen puro", ajeno precisamentea la historia[4]).

Sobre el eje del *estatus y la forma de la verdad* (la "justificación por la fe" es un *principio* más que una referencia o más que un texto alternativo, entre otros, entre los cuales habría que escoger y que serían como tales, verdaderos o falsos, un punto que no siempre es bien percibido).

Eso es lo que espera a cada uno, en el horizonte del mundo y de las culturas. Y en un tiempo de transformaciones que no son las del siglo XVI, y probablemente, tampoco las que conocimos hasta hace algunos decenios porque vivimos en un tiempo de nuevos y enormes desafíos.

---

[4] El mismo Tourn parece sucumbir a esto cuando dice, en buena parte de este texto, que la *Institución de la religión cristiana* de Calvino sería "una colección temática de datos bíblicos" más que una teología sistemática (capítulo 4, "Gurú "), lo que no me parece tan exacto, incluso si las citas bíblicas son constantes (aunadas a otras referencias a los Padres de los primeros siglos o a los teólogos de la Edad Media) y que Calvino es, por otro lado, un gran comentador de la Biblia. Globalmente, no hay que olvidar que Calvino reconoció, como Lutero —a diferencia de la Reforma "radical"—, los cuatro primeros "Concilios ecuménicos", trinitarios y cristológicos, hasta el de Calcedonia de mediados del siglo V. Todo esto es, sin embargo, un momento de tradición y de construcción teológica, diferentes y a distancia de la sola Biblia.

CAPÍTULO I
Juventud

A la sombra de la catedral

Primavera de 1521. El cambio de los tiempos modernos estaba revolucionando la Europa medieval. Un nuevo continente había sido transformado bajo el impulso del humanismo. A un ritmo frenético, las innovaciones se sucedían en las artes y en las ciencias. En Noyon, en Picardía, sin embargo, la vida continuaba desarrollándose muy tradicionalmente a la sombra de la catedral, el gran edificio que dominaba la ciudad y que recordaba, a todos, la plaza preponderante de la Iglesia en la sociedad.

El notario y el responsable fiscal del capítulo de la catedral era el abogado Cauvin. Gracias a sus relaciones con los medios eclesiásticos obtuvo un beneficio que le permitió a su hijo, Juan, proseguir sus estudios. Eso sucedió el 19 de mayo de 1521. Que un "beneficio", es decir, los ingresos económicos de una capilla (rendimiento de la propiedad, misas, ofrendas), fuera atribuido a un laico, además adolescente, no planteaba ningún problema. En ese momento, ¿Felipe de Saboya no se había convertido en obispo de Ginebra a los 7 años? Esta práctica tradicional de la venta de los beneficios, de las cargas eclesiásticas, de las indulgencias, provocó reacciones en toda Europa. Cuatro años antes, en 1517, el monje Martín Lutero había expresado en sus 95 tesis una protesta que se expandía rápidamente e, incluso, el hecho de que había sido excomulgado en 1521 no había puesto fin al movimiento. Al contrario, la publicación de textos polémicos como *La cautividad babilónica de la Iglesia* y *A la nobleza alemana* comenzaron a desencadenar un debate ardiente en la opinión pública europea. A los 12 años, el joven Calvino ignoraba probablemente todo esto y su única preocupación era estudiar latín en la pequeña escuela de Noyon.

Si es verdad que el hombre adulto es el fruto de su infancia, hay que echarle un vistazo rápido al medio en el que creció Juan Calvino. Su familia es de origen modesto, pero ha adquirido una abundancia relativa a fuerza de celo y de trabajo; es, pues, un medio burgués, en el sentido moderno, donde el trabajo se combina con el estudio y tiene como objetivo la realización de si y de un proyecto de vida. Contrariamente a la mayoría de los reformadores, nuestro hombre no es de origen campesino. No conoce directamente las condiciones miserables en las que vive la mayoría de la población; pero crece en un entorno urbano; es un hijo de la burguesía, la clase media que está subiendo.

La casa del abogado Cauvin y de sus hijos —tres chicos y dos chicas (sólo se tienen huellas de Juan y Antonio, que lo seguirá hasta Ginebra)— fue, sin embargo, muy pronto privada de la presencia de la madre, bella y piadosa mujer de buena familia, quien murió cuando Juan no tenía más que seis años. ¿Esta ausencia pudo haber dejado algunas huellas en una personalidad tan compleja como la de nuestro hombre? Es muy probable que este luto haya acentuado el aspecto melancólico y sensible de su carácter. La imagen que se ofrece regularmente de él —con adjetivos tales como "oscuro", "negro", "triste", sin hablar naturalmente, de "despótico" o de "tiránico"— es, sin embargo, el fruto de una polémica tradicional, y puede referirse únicamente al hombre envejecido prematuramente, a causa de sus enfermedades y de sus combates.

Porque, incluso si es poco explicativo y, sobre todo, un apasionado de los libros, Juan fue un niño como los otros, que cuenta también entre sus compañeros de estudios a los hijos de una familia prominente de Noyon, los Hangest, con quienes frecuenta su casa con regularidad. El hecho merece ser señalado porque nosotros salimos, así, del medio de la burguesía urbana para entrar en el medio de la antigua nobleza francesa: Louis de Hangest-Montmort, hermano del Obispo de Noyon, había sido escudero de Ana de Bretaña.

¿Qué huellas dejó ésta relación en él? Sin querer lanzarse en deducciones demasiado apresuradas, se puede preguntar si no es de este medio noble que le viene por casualidad el estilo , ligeramente aristocrático, que caracteriza su comportamiento y le permitirá dirigirse sin complejos, pero tampoco sin arrogancia, a los reyes de Francia y de Inglaterra, a un noble húngaro o a un cardenal. El abogado Cauvin tiene naturalmente grandes proyectos para este hijo y, una vez la educación primaria terminada, lo envía a París con un tío para que frecuente los mejores establecimientos de la capital.

El París que descubrió Juan es un mundo en plena transformación; la Catedral de Nuestra Señora ya no era el único emblema de la ciudad:

al lado de ella se erigieron viviendas principescas, palacios reales, librerías donde se encuentran las últimas novedades bibliográficas y culturales. Era un mundo donde se afirmaba la cultura humanista de influencia italiana y sobre el que reinaba Francisco I, joven soberano moderno a quien le gustaba jugar al gran señor del Renacimiento, rodeado de una corte de artistas y de letrados.

Calvino frecuentó, en primer término, el colegio de la Marcha, donde tuvo un excelente maestro de latín, Mathurin Cordier, quien lo alcanzaría en Ginebra después de haberse convertido al luteranismo. El joven estudiante pasó enseguida a uno de los más célebres colegios de la capital, el Montaigu, edificio sombrío donde se preparó para el sacerdocio en un ambiente de mortificación: despertar al amanecer, alimentación rara, recurso a los golpes a la mínima infracción.

Aquí estudiaron los principales personajes del siglo: Erasmo, que se llevaría sólo el recuerdo de los piojos y las escrófulas; Rabelais e Ignacio de Loyola, que juraron ya nunca más volver a poner los pies. Sin embargo, Calvino no conservó un recuerdo tan negativo de su estancia en París: si éste ciertamente no mejoró su salud (migrañas y males del hígado harán de su vida un sufrimiento continuo), esos años sentaron las bases de su formación cultural, familiarizándolo con el latín y enseñándole el arte del debate. Sus profesores no pudieron más que tener grandes esperanzas en un estudiante tan aplicado y serio, y esperaban verlo abrazar el camino eclesiástico. Pero no fue así. Tal vez a causa de una pelea con el Capítulo de Noyon, de la cual se desconocen los motivos; o puede ser por cálculo económico que el Maestro Cauvin eligió para su hijo el Derecho, y éste obedeció sin discutir: para Calvino, lo esencial era poder estudiar en paz. Él sería, pues, abogado, como lo quiso su padre, al mismo tiempo que seguía siendo un buen católico.

Entre Meaux y la Sorbona

Mientras Calvino seguía diligentemente sus estudios, el mundo religioso francés era agitado por fuertes tensiones. En una sociedad todavía muy marcada por la Iglesia, el clima de la novedad no puede extenderse tampoco al aspecto religioso de la existencia. Desde hace tiempo, el país ve emerger un movimiento reformista de tipo evangélico, el que —a pesar de que sigue atado a la tradición católica— se esforzó por eliminar los elementos dudosos. Inspirado por la obra de Erasmo de Rotterdam (del que Lutero y Zwinglio habían utilizado el Nuevo Testamento griego para sus traducciones alemanas) y de su discípulo, Lefèvre d'Etaples (otro biblista célebre por haber traducido el Nuevo Testamento al francés), este movimiento preconizaba la purificación de la fe cristiana a través del regreso a las fuentes bíblicas.

Más mística que teóloga, Margarita de Navarra, hermana del soberano, presentaba una religiosidad diferente. Alrededor de ella y de su corte se constituyó un círculo reformista donde aparecen personalidades importantes: el mismo Lefèvre, Gérard Roussel, predicador de talento, y el poeta Clemente Marot, sospechoso de afinidades con el luteranismo. El epicentro de este reformismo evangélico francés fue la diócesis de Meaux, pequeña ciudad de los alrededores de la capital. El piadoso Guillaume Briçonnet, erudito enviado como obispo, encuentra una situación de ignorancia deplorable y se ocupa en remediarla limitando el culto de las reliquias y el comercio de las indulgencias, imponiendo al clero cursos de doctrina; pero, sobre todo, programando varias series de predicaciones sobre la Santa Escritura.

La diócesis de Meaux se convirtió así en el laboratorio de una reforma moderada del catolicismo, en la que trabajaron Lefèvre y un equipo de predicadores, entre los cuales estaba Guillermo Farel, del que hablaremos más tarde. En un campo que podría considerarse estrictamente cultural, pero que tiene fuertes incidencias sobre lo religioso, Francisco I funda en 1530 el Real Colegio de los Lectores Reales —el futuro Colegio de Francia—. A pesar de que aún no contaba con propia sede, prestigiosos profesores comenzaron sus cursos: Pierre Danès enseñaba griego, y Vatable, hebreo.

Todos estos hombres, profundamente creyentes, ponían la ciencia y la teología al servicio del pueblo cristiano, convencidos de que el estudio de las Escrituras y la difusión de la cultura sólo podían sostener la fe y remediar la ignorancia y la corrupción, situaciones demasiado frecuentes en las instituciones eclesiásticas. Aquellos que creían que estas experiencias de reforma, sentida por los sacerdotes, los laicos, los eruditos y los burgueses, también eran sostenidas por las autoridades eclesiásticas, son decepcionados: la reacción es el pánico, la rigidez y toda proposición de reforma es rechazada.

La Universidad de la Sorbona condenaba sin apelación no solamente *El espejo del alma pecadora*, de Margarita, sino también la enseñanza de las lenguas bíblicas dada por los lectores reales. ¡La tesis según la cual había que conocer el griego y el hebreo para comprender mejor las Santas Escrituras fue juzgada como herética! Más grave aún: Briconnet fue obligado a retirar sus reformas y Lefèvre a retomar su vagancia a través de Francia. ¿Qué sabía Calvino de todo esto? —el asunto de Meaux, la condenación a la hoguera de Juan Valliere, franciscano acusado de blasfema, el auto de fe de las obras de Lutero incautadas en las librerías, una estatua de la Virgen decapitada por desconocidos, que da lugar a una semana de penitencia ritual, y desata la caza al luterano?—.

No puede haber ignorado todo esto por completo: eran los acontecimientos del día, los temas de todas las conversaciones de París, incluso si estaban lejos de sus preocupaciones de estudiante. Lo que no sabe es siestos eventos estaban marcando el comienzo de una larga historia de martirio y de persecución a la que estaría ligado más tarde, lo quisiera o no.

CAPÍTULO 2
Humanista

El abogado

El París del siglo XVI estaba muy lejos de ser la capital de Francia tal como la conocemos hoy en día: las provincias conservaban centros de actividades importantes, dotadas de sus parlamentos y de sus universidades, donde subsistía el prestigio de los pequeños cursos de los antiguos reinos. En la región de los castillos de Loire donde la corte de Francisco I residía buena parte del año y donde morirá Leonardo da Vinci, Orléans alardea de tener una famosa universidad: Erasmo enseñó allí letras clásicas y Reuchlin, hebreo.

Calvino se instaló en Orléans para seguir los cursos de uno de los más grandes juristas de la época, Pierre de L'Estoile, representante de la tradición jurídica francesa, y para formarse en su escuela. Sus amistades, todas del medio estudiantil, eran serias y seguras: el jurista Duchemin y el erudito Francisco Daniel, que permanecerá unido a él por una amistad muy sólida, incluso cuando la cuestión religiosa los separará. Aunque ya era un adolescente, el Calvino de esta época sigue siendo el chico de Noyon poco inclinado a la obscenidad o a las alegres compañías. Sin embargo, sin ser bravucón o alegre, tampoco era un moroso y declara que era *d'un natural un peu sauvage et honteux* («un natural un poco salvaje y vergonzoso"), diciendo, en otras palabras, que más bien era reservado, de salud poco brillante y religioso como todo el mundo. Disfrutaba de la estima no sólo de sus maestros, sino también de sus compañeros, quienes lo elegirán un poco más tarde "procurador de la nación de Picardía" para representarlos.

En 1529 se instaló con otros estudiantes en Bourges, en el corazón de la vieja Francia, para conocer a un nuevo profesor, una luminaria del derecho llegado de Italia recientemente. Andrea Alciato, a quien la universidad le ofreció un puente de oro para que fuera a enseñar "a la italiana". A pesar de no suscitar simpatía a causa de su pedantería excesiva, el italiano, gracias a sus enseñanzas, les abrió nuevas perspectivas culturales a sus estudiantes, a quienes les inculcó el gusto por la ciencia humanista y una visión moderna del derecho. En Bourges, Calvino comenzó el estudio del griego con Melchior Wolmar, alemán que será expulsado a los pocos años por sus convicciones luteranas. Es un hombre que conocía no sólo directamente los escritos de Lutero, sino alguien que se había adherido a su visión de la fe. ¿Se puede creer que se haya concretado a enseñar las declinaciones y los verbos a su joven alumno o también habrá abordado los temas religiosos con él? No se puede excluir, pero, por lo que sabemos, ni Wolmar, ni el primo de Calvino, Pierre Robert (llamado Olivétan), evangélico[1] convencido y expulsado por esta razón de la universidad, parecían haber ejercido la menor influencia sobre él en materia religiosa.

Fiel a la fe católica, sin ser un "fanático", Calvino se consideraba un tradicionalista de tendencia más bien conservadora. En la primavera de 1531 tuvo que ir a Noyon por la muerte de su padre, excomulgado por discrepancias con el Capítulo, que le rechazó los funerales religiosos; el joven deberá entablar largas negociaciones para obtener el entierro. A pesar de eso, sus relaciones con la curia episcopal siguieron siendo excelentes, hasta el punto de que, además del beneficio que le fue acordado en 1521, se le asignaron otras prebendas aún más sustanciales.

Los historiadores, se sabe, trabajan sobre documentos, sobre datos objetivos y no sobre hipótesis o intuiciones; y desconfían de la psicología. Aun respetando esta objetividad, es permisible, de todas maneras, interrogarse sobre el carácter del abogado Cauvin y de sus relaciones con su hijo Juan. Este hombre combativo, autoritario, que se hizo un camino en el mundo y que no dudó entrar en conflicto con la Iglesia, probablemente ha pesado mucho sobre el destino de su hijo mucho más de lo que éste tuvo consciencia. No solamente porque lo guió en sus estudios sino porque su figura fuerte siempre estuvo presente en la vida del vástago. En el imaginario de este intelectual introvertido y reservado, la figura paternal siempre será una figura de autoridad. La desaparición de su padre, sin duda, marcó al joven abogado y, sin llevar el análisis hasta postular la presencia del "padre ausente", no se puede más que observar que, en los momentos decisivos de su vida, Calvino encontraría otros maestros en su camino —Farel en Ginebra, Bucero en Estrasburgo— y fue gracias a la voz imperiosa de estos hombres que percibió su vocación.

[1] Esta palabra, "evangélico", designaba en esa época a los que abrazaron la Reforma o que ponían atención a los problemas planteados por la reforma de la Iglesia.

Una vez obtenido su título de abogado el 14 de febrero de 1532, el joven se mudó a París, no para iniciar la carrera en la barra de abogados, a la que, sin embargo, estaba destinado; sino para asistir a los cursos del Colegio de Francia, el instituto universitario que está suplantando a la Sorbona. No interesándose ni en las leyes ni en los procesos judiciales sino sólo en el latín y el griego, Calvino entró en relación con eruditos jóvenes y menos jóvenes, libreros, profesores. Estableció amistad con Nicolás Cop, el hijo del médico de la Corte, quien estaba haciendo una brillante carrera en el campo en los estudios humanistas.

Después de unos meses, Calvino publicó su primer trabajo: no una obra de teología o de derecho, sino un tratado de filosofía moral, el *De Clementia* de Séneca. El hecho no carece de interés por muchas razones; es un texto muy significativo de la literatura clásica, ya comentado por Erasmo, y nuestro joven erudito no duda en medirse al gran hombre, con una pizca de pedantería juvenil. Lo importante es, sobre todo, que se trata de un ensayo político, en el que el viejo filósofo da a su joven alumno, Nerón, consejos para gobernar sabiamente: Calvino se interesa no por la literatura, la poesía o la filosofía, sino por la política.[2]

La idea que se puede hacer del joven abogado, en este período parisino, es la de un erudito brillante, conversador agradable, en busca de celebridad o hasta de fortuna, porque ya, desde ese entonces, escribir libros procura gloria, pero pocos escudos. En suma, era un representante de este medio cultivado, de esta élite del saber humanista que ha sustituido al clero medieval. La pintura del joven con la boina, que se ha tenido un tiempo como su retrato, pero que es ciertamente apócrifa, evoca de manera muy convincente el tipo de intelectual que era en esta época. En la Francia de entonces, el problema religioso permanece actual. En París se formó un grupo de creyentes de confesión evangélica en torno a un rico comerciante, Esteban de la Forge, quien murió mártir. Por haber predicado el Evangelio, dos eclesiásticos fueron quemados vivos en la plaza de Grève, famosa después por sus hogueras. En Meaux, un grupo de obreros tejedores, que había continuado la lectura de la Escritura y que también predicaba, es dispersado.

Bien que sea impensable que estos acontecimientos no hayan proporcionado materia de reflexión para el joven Calvino, ni las cartas, ni los escritos que nos han llegado, nos permiten suponer la menor reacción de su parte. ¿El rostro sereno del erudito y del abogado ya ocultaba alguna

---

[2] Este interés por el aspecto "político", organizado, de la vida lo acompañará hasta el fin de sus días.

inquietud religiosa? Nadie lo podrá decir. Lo que decidiría su destino fue un acontecimiento exterior, perfectamente fortuito.

El señor de Espeville

En 1533, el año académico de la universidad parisina comenzó el 1 de noviembre con la lección de apertura del nuevo rector, Nicolas Cop, amigo de Calvino. En lugar del discurso tradicional en latín florido, adornado de citas, Cop escogió comentar las Bienaventuranzas, que releyó a la luz de la doctrina de la justificación por la fe. Se sabe que esta última era el tema de la predicación de Lutero y que se volvería, posteriormente, la doctrina fundamental del luteranismo. En esos años, constituía para muchos un descubrimiento, un anuncio liberador, una clave de lectura de la revelación cristiana entendida, que era un mensaje de gracia. Este discurso conmocionó al mundo intelectual parisino. La Sorbona protestó y denunció la herejía luterana, mientras que las facultades de medicina y artes asumieron la defensa del rector. El Parlamento intervino y Cop evitó el arresto refugiándose en Estrasburgo.

Este asunto banal tuvo, sin embargo, un impacto decisivo en la vida de Calvino. Es que él estuvo —o se sintió— implicado en todo eso por haber participado activamente en la redacción del famoso discurso. En consecuencia, dejó Paris pensando probablemente exiliarse durante cierto tiempo; pero fue, de hecho, el adiós definitivo a su ciudad de adopción y el comienzo de una vida vagabunda que conocieron muchos hombres de su tiempo, pasando de ciudad en ciudad, con algunos libros y falsos pasaportes para escapar del ojo cada vez más inquisidor de las autoridades religiosas y políticas.

Durante varios meses, desapareció de la escena: el abogado Jehan Cauvin, el erudito Johannes Calvinus se había convertido en el señor de Espeville. No es fácil seguir sus numerosos desplazamientos porque, en ese tiempo, escribe poco o casi nada y, más tarde, hablaría de sí mismo con mucha reticencia. Sabemos que su primer refugio fue la casa de un amigo de larga data, Luis du Tillet, cura de los alrededores de Angoulême, hombre tranquilo y erudito, en cuya casa Calvino pudo meditar y proseguir sus estudios. Discípulo de Lefèvre, Du Tillet no era un revolucionario, y después de años de incertidumbre, terminaría por declararse católico, causando un gran dolor a su amigo.

En la casa parroquial, silenciosa y llena de libros, Calvino escribió otra obra de juventud, la *Psychopannychia*, ensayo polémico contra la tesis de los anabautistas sobre el sueño de las almas después de la muerte. Es un trabajo poco importante, que no lo dará a la impresión sino 25 años más tarde, pero que revela, de todas maneras, su estado de espíritu y los problemas que le afligían en esta época de clandestinidad. Más que una iglesia romana renovada, lo que él consideraba era la perspectiva de comunidades de la Reforma: la primera pertenece al pasado, las otras tienen futuro delante de ellas. Pero en el anabautismo, el ala radical del movimiento reformador, percibió una deriva peligrosa desde el punto de vista teológico, cuya doctrina del sueño del alma no es más que uno de los índices.

En la espiritualidad de la época, dominada por la angustia de una muerte no sólo física (con la presencia constante de la peste, la guerra, el hambre), sino también religiosa, la muerte eterna, la condenación, el "sueño del alma" no eran exclusivamente problemas teóricos. La iglesia buscaba exorcizar la angustia existencial por las indulgencias, el purgatorio, las misas para los muertos, creando una red de presencias que ligaba a los vivos con los muertos, aquí abajo y en el más allá. Solución insatisfactoria en su conjunto —que no había atenuado sino más bien incrementado el temor—, la tesis anabautista del sueño de los muertos era, sobre todo, en su manera de responder a la inquietud de los creyentes porque evocaba la imagen de una ausencia de Dios en sus vidas.

Ahora bien, la respuesta del Evangelio debe ser diferente. En abril de 1534, Calvin se mostró en la corte de la reina Margarita de Navarra, quien será su corresponsal posteriormente, pero sin declararse nunca abiertamente evangélica. En este tiempo, se discutía mucho, en Nérac; Roussel predicaba; se recitaban dramas sagrados y se hacía música, todo en un clima de gran libertad. Se criticaba abiertamente la corrupción del clero y las supersticiones papistas, pero apenas la amenaza de la persecución será destinada a este pequeño mundo de poetas, de abades doctos, de músicos y de artistas; que todo el grupo se dispersará como una banda de estorninos.

Que el reformismo literario de Nérac no pudo satisfacer el alma inquieta y el espíritu crítico de nuestro hombre parecía evidente: ¡la oposición era demasiado fuerte y demasiado manifiesta entre el mundo de la religiosidad humanístico-literaria y el de la fe explícita de Wolmar, del primo Olivétan, de un De La Forge, de los mártires quemados en la plaza Maubert! El 6 de mayo de 1534, Calvino se presentó en el capítulo de la Catedral de Noyon, su parroquia, y renunció a los beneficios eclesiásticos, dando a entender así que ya no quería formar parte de la Iglesia romana. En París, se señala su presencia en una taberna aislada en donde debía encontrar una noche a un médico español, Miguel Servet, quien se

interesaba en los problemas teológicos y era autor de libros muy sospechosos. Pero no se presentó a la cita por razones que se ignoran; Calvino
y él terminarán por encontrarse en circunstancias mucho más trágicas. En
otoño, Calvino reapareció en Poitiers, invitado por amigos muy influyentes en la ciudad, que más tarde se harán protestantes convencidos y pa-
garán con sus vidas su fe evangélica. Un rumor recogido por Florimond
de Raemond, el primer biógrafo católico de Calvino, pretende que fue en
esta ciudad donde el reformador predicó y celebró la Santa Cena con los
dos elementos (pan y vino). Pero se trata muy probablemente de una pro-
yección en el pasado de hechos ocurridos en realidad mucho más tarde,
gracias a los que la Iglesia de Poitiers podía atribuirse una especie de prima de antigüedad en relación con las iglesias.

Sin embargo, sería un error subestimar este periodo de clandestinidad y de no ver en el más que un episodio sin relación con los acontecimientos posteriores. El reformador de Ginebra no nació en Ginebra, se
formó mucho antes. Erudito salido del catolicismo reformista de Nicolas
Cop para acercarse lentamente al mundo reformado, es un hombre demasiado cuidadoso para no reflexionar y observa con un ojo crítico, como
sucedió en el caso de la *Psychopannychia*. La Reforma era, en efecto, una
realidad todavía confusa, un movimiento de opinión que progresaba; los
evangélicos que Calvino pudo haber encontrado no eran grupos organiza-
dos sino creyentes que se reunían espontáneamente para leer las Escrituras e intercambiar reflexiones; eran laicos cultivados, hombres del pueblo,
eclesiásticos en búsqueda, todo ello de una manera extremadamente informal. Sí hubo, no obstante, una cosa que definía claramente la atmósfera de estos medios: las hogueras y las condenaciones. Viniese lo que viniese o dijeran lo que quisieran estos creyentes en búsqueda, corrían el riesgo
de pagarlo con sus vidas.

Cuando Calvino menciona la definición clásica del protestantismo
—"la verdadera Iglesia se encuentra allí, donde la Palabra de Dios es predicada de manera correcta y es escuchada; y donde los sacramentos son
dados según la institución de Cristo"—, o cuando habla en sus escritos de
"llevar la cruz", no hay duda de que hace alusión a estos cultos clandesti-
nos, celebrados entre creyentes que compartían la misma búsqueda de fe.
De las experiencias de estos años se derivó su concepción de la iglesia: ella
no es ninguna institución sino una comunidad de creyentes cuyo elemento constitutivo es la presencia del Espíritu. Su visión de la fe es confianza
absoluta en Dios, y su idea de la Cena del Señor es un encuentro con el
Cristo vivo. No se trata de nociones abstractas, de construcciones teóricas,
sino de encuentros vivos.

Conversión

En 1534 estalló el escándalo de los "Carteles" (*placards*), que marcó un punto de inflexión en la situación religiosa francesa. La noche del 17 de octubre, varios carteles fueron pegados en las calles de París —incluso en la residencia del soberano—. Se trató de manifiestos contra los "horribles, grandes e insoportables abusos de la misa papal, inventada directamente contra la Santa Cena de Jesucristo".[3]

Abuso papal intolerable, la misa profana la Cena de Jesucristo —esa es la tesis: es una blasfemia. Porque el sacrificio de Cristo es único y no puede ser repetido; y como el Hijo está ahora en el Cielo a la derecha de Dios, no puede estar presente materialmente en la hostia, como lo afirman "estos miserables sacerdotes que tienen la pretensión de ponerse en el lugar del Redentor".[4] El autor de esta provocación fue Antoine Marcourt, nativo de Picardía (como Calvino), pero exiliado en Neuchâtel (cantón suizo), donde era predicador. Sin embargo, lejos de ser una protesta sacrílega contra el misterio de la salvación, los carteles son la expresión de una teología muy precisa, salida de la lectura de la Epístola a los Hebreos.

Lo que el Antiguo Testamento prefiguraba en los sacrificios se realizó plenamente en Jesucristo, quien fue, a la vez, víctima por la salvación de la humanidad y sacerdote que ejecutó el sacrificio expiatorio, sacrificio "único y una vez por todas", dice el apóstol. Para los evangélicos franceses, la epístola a los Hebreos se convirtió, así, en el texto de referencia de la fe y de la Reforma, como lo era la Epístola a los Romanos para Lutero. Sin embargo, mientras que la doctrina luterana de la justificación por la fe y de la salvación por la sola gracia podía ser aceptada por todos aquellos que deseaban la reforma de la iglesia, cualquiera que fuera su posición más o menos radical sobre otros puntos, la unicidad del sacrificio de Cristo y el rechazo consecutivo de la misa no podían ser aceptados por quienes continuaban viendo en la Iglesia romana la única Iglesia de Cristo. Rechazar la misa era negar el sacerdocio, la jerarquía, el papado; eso no era solamente reformar la iglesia tradicional, era demolerla.

A la provocación, la Francia tradicionalista respondió en enero de 1535 con un procesión expiatoria en la que participó el soberano con los pies descalzos, vela en mano, seguido por la Corte y dignatarios, todos en penitencia; las seis etapas del recorrido fueron evidentemente marcadas

---

[3] Georges Berthoud, *Antoine Marcourt, réformateur et pamphlétaire*. Ginebra, 1973, pp. 287-289.

[4] Idem.

por seis hogueras donde se quemó a igual número de víctimas. Una vez tranquilizada la opinión pública en cuanto a la fe católica, Francisco I, fuertemente preocupado por esta presencia reformada en sus Estados —sin duda por motivos más políticos que religiosos— desató una ola de reacciones en todo el país. Las condenas a muerte se multiplicaron, las hogueras, las decapitaciones de gentes del pueblo, de maestros, de médicos, de monjes, todos acusados de haber atacado a la Iglesia. Los parlamentos de las provincias siguieron el ejemplo de París.

Se encadenó inevitablemente la disolución del grupo de Meaux, que, en su tiempo, había demostrado que la Iglesia de Francia no estaba dispuesta a la menor reforma. La política real escogió ahora el catolicismo de la Sorbona; y las únicas salidas que le quedaban al creyente evangélico fueron, a partir de ese momento, el exilio o el martirio. La visión de un humanismo erasmista entró definitivamente en crisis, mientras que Calvino debía abandonar su sueño de una carrera de estudios, combinada con una cultura y una predicación fundadas en el Evangelio.

El humanista de 24 años que dejó París en 1533 era un protestante típico, un heterodoxo con respecto a la posición oficial, un marginal,[5] para utilizar la frase tan pertinente de la época: un sospechoso en materia de fe (desde el punto de vista de la Sorbona, naturalmente). El hombre quien, a finales de 1534, al término de un largo peregrinaje, dejó Francia en compañía de su amigo Du Tillet para refugiarse en Estrasburgo, era, a partir de ese momento, "luterano", para usar otra expresión de ese tiempo. A propósito de los acontecimientos de estos años, escribirá en su prefacio al comentario de los Salmos (1577): "De mi lado, especialmente de un natural un poco salvaje y vergonzoso, siempre me ha gustado la calma y la tranquilidad; y me puse a buscar un escondite y una manera de retirarme de las personas [alusión a su huida de París], pero mientras que estaba logrando el objetivo de mi deseo, que, al contrario, todos los retiros y lugares alejados, me eran como escuelas públicas", o dicho de otra manera, su situación lo había puesto frente a los otros y frente a sí mismo.

¿Escogió el exilio por miedo a la represión? Puede ser. Pero, sobre todo, porque escogió su campo. Habiendo definitivamente roto con la que ya no podía considerar como la Iglesia de Jesucristo, y ya no esperando nada más de Roma, ni de una reforma del catolicismo, se había puesto del lado del Evangelio. Si el comienzo y el final de este caminar son claros,

---

[5] *Mal sentants de la foi*, se puede leer en el francés antiguo.

el desarrollo exacto sigue siendo oscuro. A diferencia de Lutero, hombre exuberante, voluble, que hablaba fácilmente de sí mismo, Calvino calla púdicamente sus estados de ánimo y sus experiencias. No habla de sí mismo —más que en términos estrictamente medidos— sólo en el prefacio de su comentario sobre los Salmos (1557) e, incluso, no es para contarse él mismo, sino para ofrecer una lección: el personaje del rey David, simple pastor a quien Dios ha elegido para elevarlo al trono, es la imagen bíblica de lo que le ha pasado a él: hombre insignificante, fue llamado para el cargo de ministro y predicador del Evangelio.

Pero todo esto se ha desarrollado sobre el modo conflictual "[...] como así sea que fui tan obstinadamente dado a las supersticiones del papado que era bien difícil que me pudieran sacar de este pantano tan profundo, por una conversión súbita (*subita conversio*, en latín). [Dios] doma y guarda a docilidad mi corazón". En la religión cristiana, la conversión es una categoría espiritual fundamental —que se refiere solamente a Saulo, convertido en el apóstol Pablo, o a san Agustín—. Indica un cambio de rumbo radical, una censura de la existencia y es en este sentido que la utiliza Calvino cuando habla de él.

Es muy significativo, sin embargo, que no establezca paralelo con las grandes figuras de la Iglesia, sino con el pastor David, futuro rey. Entiende señalar así la acción de la gratuidad de Dios, quien lo ha escogido en su libertad. Al hacerlo, tiene la intención impredecible en su libertad, lo sacó de su ignorancia y lo ha conducido a una vocación de servicio. No es él quien ha escogido a Dios, sino que es Dios quien lo ha escogido. En esta experiencia personal, Calvino ve la confirmación de lo que Pablo escribe a los Romanos: "Aquellos que Dios ha justificado, también les ha llamado; y a aquellos a quien ha llamado, los ha también predestinado...". Igual que la justificación por la fe había sido para Lutero la respuesta del Evangelio a su búsqueda atormentada de Dios, se podrá interpretar la predestinación —que será una característica de la predicación de Calvino—, no como el fruto de una construcción doctrinal, de una investigación teológica, sino como el resultado de su experiencia personal.

El exilio

Después de una corta estancia en Estrasburgo, Calvino pasa a Basilea. Protestante como una gran parte del noreste de Suiza, la ciudad se había convertido en uno de los refugios favoritos de todos los que huían de la represión religiosa: el italiano Celio Secondo Curione,[6] el francés Guillermo Farel,[7] los alemanes de tendencia anabautista y —no es una casualidad—, Erasmo,[8] que pasará sus últimos días en paz. Orgullosa de su tolerancia, la ciudad de Juan Ecolampadio[9] no era solamente un asilo para los refugiados, sino también un centro de alta cultura, donde los impresores editaban lujuriosamente Biblias y tratados.

No es, pues, por accidente que el "señor de Espeville" haya buscado refugio, sino probablemente también para poner orden en sus ideas. El primer trabajo en el que lo vemos comprometido es, en todo caso, significativo: se trata de revisar y presentar la traducción francesa de la Biblia que su primo Olivétan está terminando por cuenta de los valdenses[10] de la región italiana del Piamonte. Se publicará en Neuchâtel en 1535 y el impresor fue Pedro de Vingle, quien también imprimió los "carteles" escritos por Marcourt. Una Biblia, pues. No es fortuito. Se sabe que la primera realización de la Reforma fue la traducción la Biblia en lengua vernácula y que la difusión del texto bíblico fue fundamental para el nacimiento y la expansión del protestantismo. La huella calviniana sobre esta primera Biblia protestante es doble: lingüística y teológica. Conocedor excepcional y apasionado del hebreo, Olivétan maneja menos el francés que Calvino, hombre de letras que sabe decir las cosas con claridad y precisión. Este último se emplea a corregir y a limpiar el texto de su primo, que es correcto sobre el plan filológico, pero que usa un lenguaje confuso.

Más sorprendente aún es la lucidez teológica del prefacio: en unas páginas, Calvino propone una interpretación original de la Escritura. Mientras que la tradición ve en el relato del Evangelio el centro de la Revelación y lee el Antiguo Testamento como una profecía, como una fase

---

[6] Después de haber enseñado en muchas ciudades italianas, el humanista piamontés Celio Secondo Curione (1503-1569) se establece en Lucques, donde entra en contacto con el grupo evangélico de Vermigli, con el que se refugia en Suiza en 1542.

[7] Gullermo Farel (1489-1565) es una de las personalidades más fascinantes de la reforma en tierras francófonas. Originario de Gap, estudia en París y formó parte del equipo reformista del obispo Briçonnet, en Meaux; después de haber pasado al campo evangélico, trabaja en Guyenne, en Basilea, en Montbeliard, en las circunscripciones francófonas de Berna; predica en Neuchâtel, que adopta la Reforma, en el Piamonte (1532), luego en Ginebra con Froment, donde su ardor de predicador conduce a la ciudad a adoptar la nueva fe en 1535.

[8] Erasmo (1469-1536) fue el monumento del humanismo europeo. Su edición del Nuevo Testamento en griego revoluciona los estudios bíblicos. Portavoz del reformismo católico, se opuso en su De libero arbitrio a la teología de Lutero, quien le respondió con el De servo arbitrio.

[9] Johannes Huszgen dit Ecolampadio (1482-1531), humanista de la región germánica de Souabe, profesor en la Universidad y reformador de Basilea.

[10] Discípulos de Pedro Valdo (siglos XII-XIII) diseminados en el sur de Francia y en el norte de Italia.

preparatoria, para Calvino, por el contrario, la revelación es única. Los dos Testamentos son aspectos diversos de la misma palabra divina, Israel y la Iglesia son dos caras del Pueblo de Dios, de los cuales Cristo es el centro espiritual. Estos trabajos son, sin embargo, marginales en relación con el volumen que escribe en ese entonces: la *Institutio Christianae Religionis* (*Institución de la religión cristiana*). La presentación de la obra, que tuvo lugar en la Feria del Libro de Frankfurt, en la primavera de 1536, hará de él, perfectamente desconocido hasta entonces, una de las personalidades más reconocidas del mundo religioso europeo.

Comparada con las publicaciones de la época, este *best-seller* es un pequeño volumen de 300 páginas. Con palabras simples, claras, comprensibles (para los que saben latín), Calvino expone en qué términos el creyente evangélico expresa su fe. Inspirándose en los reformadores que lo precedieron —en particular de Lutero—, procede comentando los Diez Mandamientos, el Credo, el Padre Nuestro y los sacramentos. ¿A qué atribuir este éxito editorial? No son los pensamientos o las tesis expuestas que impresionan (todas o casi todas ya han sido formuladas), sino más bien la claridad y el orden. Aquellos que, perturbados por los debates y las querellas de la época, se sentían incómodos en la fe católica tradicional y buscaban una respuesta a su preguntas, no sabían hacia qué guía dirigirse. Todo el mundo, o casi, estaba en contra del clero, del papa, de los monjes, del purgatorio y de la misa, pero no era suficiente estar en contra de algo, también había que indicar una solución positiva, una hipótesis de trabajo constructiva. Ésa será la obra de Calvino: ofrecer una alternativa convincente y clara.

De la opinión unánime, la carta introductoria golpea más que el tratado y constituye probablemente la obra maestra del joven abogado humanista. Usando la lengua francesa de una manera que no será superada durante su siglo (¡imposible no compararla con una obra contemporánea, el *Pantagruel* de Rabelais!), Calvino se dirige a Francisco I para tomar la defensa de la fe evangélica o, mejor dicho, de sus correligionarios calumniados y perseguidos en la tierra de Francia. En el estilo de la más perfecta defensa argumentativa, se instala en el papel del abogado, en un lenguaje incandescente, pero desprovisto de arrogancia y de efectos retóricos. Punto por punto, refuta las acusaciones de ateísmo, de subversión anárquica (el recuerdo de las "hordas de campesinos fanáticos" que devastaron Alemania unos años antes está todavía en todas las mentes), que pesan sobre los grupos evangélicos; disipa las calumnias de las que han sido objeto y les regresa el estatuto de auténticos creyentes en Jesucristo. ¡Antes que prestar oreja a los chismes, que el juez —en el caso particular el "muy

cristiano Francisco I"— instruya la causa de sus sujetos injustamente calumniados y que, para este efecto, tome conocimiento de los principios
de su fe, presentados en resumen en el expediente anexo; ¡que él se docu-
mente, que lea, y que saque, entonces, las conclusiones!

Esta carta prueba claramente que nuestro abogado evangélico —individuo reservado, amante de los estudios y de los libros— no era un erudito que ve la realidad sólo a través de los libros y que no dejaba nunca
su biblioteca. Conoce el mundo y la situación política del momento, sabe
lo que se dice en la corte y en la curia; está informado, pero también es
valiente. A pesar de su corta edad (27 años) y de su condición de exiliado
refugiado desprovisto de apoyo, se dirigió a su soberano sin temor, consciente de hablar en nombre de Dios y de la justicia.

Mientras que su libro se extiende por Europa, Calvino deja Basilea
por Italia. Ciertamente no es el primero ni el último en atravesar los Al-
pes: los artistas, hombres de negocios, reyes, estudiantes, todos han buscado en esta tierra algo que admirar o que tomar. Desafortunadamente
sabemos muy poco sobre este viaje, del que ignoramos la duración, el objetivo y el itinerario. Una leyenda quiere que, a su regreso, el reformador
pase por Aosta para convertir a los habitantes del valle, que, como buenos
católicos, lo resistieron y lo echaron. ¡Ironía del destino, la columna construida para inmortalizar esta fuga se hizo, sin embargo, frente al templo
valdense de Aosta! Todo esto no son más que piadosas fabulaciones de la
Contrarreforma, salidas de la convicción de haber escapado a un desastre:
¡convertirse en protestante!

Se conoce, sin embargo, el destino último del viajero: Ferrara, donde
vivía en ese momento la hija de Luis XII, Renée de Francia, esposa del
duque Hercoles d'Este. Mujer inteligente y cultivada, se interesaba en la
política, la religión, el arte, la literatura, y su pequeña corte estaba abierta
a las ideas modernas, de cualesquier tema que se tratase. Renée simpatiza
con las ideas evangélicas y no lo oculta; teniendo en cuenta su posición
de duquesa de un Estado católico italiano, ella ofrece hospitalidad a numerosos evangélicos en peligro, entre otros al poeta Marot. Sin convertirse al protestantismo, pero estando cerca de la espiritualidad evangélica de su prima Margarita de Navarra, Renée de Francia proseguirá una
correspondencia intensa con Calvino. Se puede deducir que su encuentro
fue infructuoso. Puede ser que, en las oleadas de la carta a Francisco I,
Calvino buscara en esta princesa de ideas progresistas un apoyo para los
reformados franceses, apoyo que ella, sin embargo, no pudo acordar más
que difícilmente. La estancia es corta, y Calvino, nada impresionado por

la corte fastuosa de Ferrara y el arte del Renacimiento, se ve confirmado en su elección del campo por las "inmundicias de Babilonia», es decir, por las supersticiones de la religión papal que prevalece en el país.

De regreso en Francia, lo encontramos en París, luego en Noyon para arreglar asuntos de familia. Mientras que se dirige hacia Estrasburgo para volver a Basilea, sin embargo, es forzado debido a la guerra entre Francia y el Santo Imperio Romano-Germánico a desviarse hacia el sur, a ir a Ginebra, donde llegó una noche de agosto, cansado del viaje y no soñando más que con una pequeña habitación para reposar. Una pelea entre el padre y el obispo de Noyon había decidido su carrera, el discurso controvertido de un amigo lo obligó a tomar una posición en el campo religioso; es ahora una guerra la que decide su destino, conduciéndolo a esta ciudad del lago Léman, que no conoce, y en la que deberá pasar su vida. Es la ocasión de recordar aquí lo que escribió a propósito de su conversión: "Dios me paseó tanto y me hizo girar por diversos caminos que, sin embargo, nunca me dejó descansar en un lugar hasta que, en contra de mi temperamento, me condujo a la luz y me hizo actuar, como se dice".[11]

---

[11] Juan Calvino, *Commentaire du libre des Psaumes*. Ginebra, 1557, prefacio.

CAPÍTULO 3

Ginebra, la fuerte

Post tenebras lux

Sin embargo, Calvino no estaba protegido por el anonimato y apenas se oyó hablar de su presencia en la ciudad que un hombre que conocía bien sus cualidades se precipitó a la vivienda donde se alojaba. Guillermo Farel,[1] quien se encontraba precisamente en Ginebra para trabajar por la Reforma, adivinó el apoyo fundamental que le podría proporcionar el autor de la *Institución* y va a encontrarlo para convencerlo de quedarse. La escena de la entrevista es de las que pudieran apasionar a un gran realizador de cine —¿la realidad no es siempre más fuerte que la ficción?—. Por un lado, Calvino, reservado, prudente, rechazó la propuesta, naturalmente, invocando los compromisos asumidos, los estudios, su juventud. Por el otro lado, Farel, quien abogó, insistió y terminó por perder el control de sí mismo al grado de amenazar a su interlocutor con los relámpagos divinos.

Recordando este episodio muchos años después, el reformador dirá: "… Finalmente el maestro Farel me retuvo en Ginebra … es como si Dios me hubiera extendido su mano hacia mí desde lo alto para detenerme". Cediendo a este mandato imperioso, acuerda quedarse un tiempo para ayudar al evangelista a organizar o —para retomar la bella expresión de la época— "enderezar" la Iglesia de Ginebra. Antes de verlos poner manos a la obra, consagremos unas líneas a describir la situación de la ciudad, con el fin de comprender las peripecias posteriores.

Ginebra atravesaba entonces una crisis profunda. Habiendo decidido, pocos meses antes, tomar partido por el campo reformado, como Zúrich y Berna, la ciudad vivía ahora en un estado de sitio bajo la amenaza de los duques de Saboya, bien decididos a ponerla bajo su dominio y el

---

[1] Cf. Nota 7.

de la fe católica. Los ginebrinos, pequeños burgueses y artesanos, se han atrincherado detrás de las murallas construidas a toda prisa, al precio de inmensos esfuerzos, sacrificando los suburbios y sus jardines, el viejo Colegio del siglo XVI, los conventos. Esta situación fue, en realidad, el último episodio de una batalla, vieja de varios decenios, que la ciudad condujo por su libertad.

Aunque situada en territorio saboyano (provincia de Alta Saboya, en Francia) y gobernada por un obispo nombrado por el Emperador, Ginebra había disfrutado en la Edad Media de una amplia autonomía y recibió durante decenios a comerciantes de toda Europa, en ocasión de sus siete ferias anuales. A pesar de tener un espíritu crítico, sus habitantes eran reputados por inclinarse a las bromas y a las diversiones; más cercanos de los florentinos que de los piamonteses, ellos no estaban listos para recibir órdenes de nadie. En el plan económico, la situación de la ciudad cambió a finales del siglo XV, cuando Lyon se impuso como centro de las ferias atrayendo a las grandes empresas y a los bancos. En el plano político, Ginebra cambió igualmente cuando los duques de Saboya iniciaron una política de anexión haciendo elegir a miembros de su familia para la dignidad episcopal. Todo esto condujo a una revuelta y a la expulsión del obispo, pero se trató de un paréntesis de breve duración, porque Carlos II de Saboya ocupó la ciudad bajo el pretexto de reinstalar al obispo.

La imagen de las tropas saboyanas desfilando con la bandera en la cabeza, y aún más la de Felipe Berthelier, capitán del pueblo, colgado en 1519, se imprimieron de manera indeleble en la memoria de los ginebrinos. Lejos de calmarse, la agitación subió de tono: el obispo deja la ciudad, convencido de que una vez entregada a la anarquía, se verá obligada a llamarlo. Error, porque, en la búsqueda de una solución, los cuatro alcaldes elegidos por el pueblo y el Consejo de los 70, se volvieron hacia los cantones suizos y formaron una alianza con Friburgo y Berna, quienes retomaron el modelo administrativo: el Gran Consejo (o Consejo de los 200) representará la voluntad popular y funcionará como legislativo. Es así que nació la República de Ginebra. Hacia 1520, sin embargo, los berneses se pasaron al campo reformado y su política de expansión, que los llevó a controlar una zona que va desde cantón de Vaud hasta la Saboya y la situación los convirtió en vecinos directos de los ginebrinos.

Las consecuencias fueron inmediatas, porque la cuestión religiosa se injertó sobre el conflicto político. Se formaron así dos partidos: los *Eidgenossen* (literalmente, los "confederados"), favorables a la Reforma y, en consecuencia, cercanos a Berna; y los *Mamelouks*, fieles a la tradición católica, aunque eran partidarios de la independencia.[2] Los mercenarios de Berna llegaron para defender la ciudad y con ellos llegó incluso Froment, quien abrió la vía a la propaganda religiosa fundando una escuela gratuita donde se enseñará la lectura. Llegó igualmente Farel, quien ocupó el convento de Rive, donde celebraba la Santa Cena. Todo esto sucedía mientras Calvino estudiaba en Bourges y París.

A pesar de esta agitación, la ciudad permaneció fiel a la religión tradicional y el clero continuó ocupándose de sus actividades. Por su lado, los magistrados alimentaron algunas aprensiones en cuanto a la actividad de Farel, temiendo que una adhesión a la Reforma los pusiera bajo la tutela de Berna. En el verano de 1534 el obispo llamó al duque de Saboya y le pidió ayuda para intentar recuperar la posesión de la ciudad, pero se acordó de lo que sucedió casi 30 años antes, cuando la ciudad se levantó, se atrincheró detrás de las murallas y pidió auxilio a las tropas bernesas.

El año 1535 vio crecer las tensiones entre los partidos. Convocada por las autoridades para resolver el problema religioso, una "disputa" entre 4 predicadores evangélicos y 4 teólogos católicos no terminó como se esperaba y los extremistas se pusieron a saquear las iglesias. El orden se restableció con gran dificultad; los aliados berneses presionaron para encontrar una solución. Fue así que se llegó a una medida radical: el 10 de agosto de 1535, la misa fue prohibida en todo el territorio ginebrino. Sacerdotes y religiosos dejaron la ciudad; las monjas clarisas fueron acompañadas hasta la frontera por los alcaldes y el pueblo en lágrimas, porque estas monjas, simples y piadosas, eran muy queridas. También se fueron todos los que estaban ligados de una manera o de otra, al antiguo régimen episcopal, ya fuese por interés o por convicción.

Llegó el invierno de 1535-1536. Refugiado en la colina, con las tropas saboyanas más allá de las murallas —que no estaban terminadas aún—, privada de recursos, a mitad abandonada, sin escuelas, sin cultos pero con las predicaciones de Farel y sus amigos en las iglesias devastadas, Ginebra y su gobierno provisional vieron el futuro de su independencia con un ojo sombrío, pero con un valor increíble, que mostraron al emitir una nueva moneda acuñada con la divisa *Post tenebras lux* ("Después de las tinieblas, la luz"). En estos meses decisivos de su historia, la ciudad vio madurar en ella este espíritu de independencia y de

---

[2] La tesis según la cual el término *huguenot* utilizado entonces en Francia para designar a los autores de la nueva teología es plausible, aunque puede ser con otras referencias —a Hugues Capet, de que Enrique IV es considerado el descendiente; o incluso en rey Hugon, espectro que frecuentaba por las noches las calles de Tours et de Amboise—.

resistencia, que la caracteriza frente a todas las potencias, sean hostiles o amistosas. Convencido de haber conquistado su autonomía y libertad, el pueblo se reunió el 21 de mayo de 1536 delante de la Catedral para jurar que viviría según el Evangelio.

Sin embargo, el intrépido Farel sabía bien que edificar la paz era mucho más difícil que ganar la guerra; símbolo elocuente de la situación espiritual en la que se encontraban los ginebrinos, la Catedral vacía que domina la ciudad espera un nuevo contenido, y es precisamente por esto que demanda la ayuda de Calvino. No es más que teniendo siempre esta situación en la cabeza, en toda su complejidad, que se comprenderán las relaciones de Ginebra con su futuro reformador. Al repetir sin espíritu crítico las tesis calumniosas de los polemistas católicos de la época, y al presentarlo como un déspota autoritario tiranizando una ciudad sometida a su voluntad, no solamente se banaliza la historia, sino que se falsifica.

El lazo particular que se estableció entre el joven intelectual y la pequeña república fue ciertamente muy fuerte. Es raro, en la historia europea, que un hombre y una comunidad hayan vivido una experiencia tan intensa, un encuentro que no puede calificarse como un "conflicto pasional" o como una "pasión conflictual". Si es indudable que Calvino creó la Ginebra reformada, no es menos verdad que la ciudad hizo al reformador. Sin él, ella hubiera seguido siendo lo que era, una república minúscula, a mitad de camino entre Berna y Saboya; una ciudad como Lausana o Annecy desprovista de historia. Fuera de Ginebra, Calvino hubiera sido un erudito humanista evangélico, un sabio biblista de la Universidad de Basilea, digno sucesor de Ecolampadio y de Erasmo, o una síntesis de los dos. Teniendo en cuenta las circunstancias históricas, de la situación política de la región, de los equilibrios internacionales, Ginebra no hubiera realizado su revolución sin la personalidad de Calvino, pero sin su ferocidad para forjar los instrumentos culturales de esta revolución, el abogado Juan Calvino no hubiera expresado todas las potencialidades de su vocación.

Reformar una ciudad

Antes de analizar cómo Farel y Calvino realizaron su acción, conviene hacer una breve reflexión de carácter sociológico. La realidad en la que Calvino se vio llamado a intervenir, es decir, a inscribir su proyecto de sociedad cristiana reformada según el Evangelio, es de tipo urbano. Este hecho no está desprovisto de interés en sí, pero no constituye tampoco una excepción. En otras regiones de Europa, la Reforma se presentaba como un fenómeno urbano: de las 65 ciudades libres de Alemania, 50 adhirieron al programa de Lutero; la cuenca suiza del Rhin, donde actuaba Zwinglio, era otro ejemplo también muy elocuente.

Los historiadores[3] han identificado una serie de factores sociales, comerciales, políticos o de clase como los elementos que favorecieron esta expansión rápida del proyecto reformado. No es difícil, efectivamente, comprender por qué una organización de la vida religiosa de tipo comunitaria, horizontal, democrática, como la propuesta por los reformadores, respondía mucho mejor que la forma tradicional y ostentadora del episcopado feudal a las expectativas y exigencias de la burguesía comercial, es decir, la clase dirigente de las ciudades de la época. No se subestimará tampoco el peso evidente de los factores económicos en esta situación: la "nacionalización" —si me es permitido utilizar este término moderno para explicar el siglo XVI— del inmenso patrimonio eclesiástico y el fin de la *mainmorte*[4] desencadenaron una revolución de todo el orden social, la redistribución de los bienes, el nacimiento de los patrimonios.

Además de estos factores, presentes en otras ciudades de Europa, Ginebra presentaba un caso particular porque la reforma religiosa se injertó, como se ha visto, sobre un proceso de emancipación, de independencia política y en un contexto internacional muy especial. En Ginebra, el problema era más político que socio-religioso: el de la independencia de la joven república. Expresión de las clases ascendientes de la burguesía local, los gobiernos municipales afrontaron el difícil deber de organizar toda la vida de una pequeña ciudad y se las arreglaron con mucha inteligencia, sin embargo, no estaban en posibilidades de resolver el problema de la identidad religiosa, ni de las expectativas de la población. Lo que bien pudieron hacer fue remplazar al poder episcopal sobre el plan jurídico y fiscal, retomar las funciones del obispado en materia de orden público, de salud y de educación pública, pero no fueron capaces de remplazar la música, imaginar el culto reformado, gestionar la piedad popular, los sacramentos, el misterio de la muerte y del más allá.

Todo esto no pudo ser hecho más que por un nuevo personal calificado que reemplaza al clero. En el papel enteramente nuevo y aún mal definido de ministro, los predicadores son, pues, esenciales para la

---

[3] Cf. Bernd Moeller, *Villes d'Empire et Réformation*. Ginebra, Droz, 1966.
[4] La *mainmorte* es la incapacidad con la que son golpeados los siervos, en Francia, durante la Edad Media, de no poder transmitir sus bienes personales a su deceso. El objetivo era que estos bienes pasaran directamente a su señor feudal.

supervivencia de la ciudad reformada e indispensables para dirigir la vida religiosa entre dos obstáculos: por un lado, la nostalgia de la religión católica tradicional, con su culto de los santos y de la virgen María, su propensión a los milagros, su sentimentalismo; y, por otro lado, el radicalismo cultural y social del anabautismo, que contestaba incluso el concepto de *societas christiana*. Es probablemente este último (que los estudios históricos califican gustosamente de movimiento "izquierdista") el que era el más peligroso a los ojos de los magistrados. El elemento más visible del anabautismo era su rechazo al bautismo de los niños y su predilección por el bautismo de adultos. Pero, en el plano eclesiológico, sus tesis eran en realidad mucho más radicales: abolir los ministerios ordenados e imaginar una comunidad cristiana constituida no de bautizados, sino de profesantes, significaba el fin de la sociedad cristiana, la separación radical entre el mundo profano, es decir, político, abandonado al Maligno, y el mundo espiritual, sometido a la ley de Cristo.

Administrar este conjunto de problemas era lo que esperaba a Farel y Calvino y eso no era diferente, en suma, de la situación que Zwinglio había afrontado en su tiempo en Zúrich y que Bucero buscaba ahora resolver en Estrasburgo, pero con dos variables específicas: la situación política de Ginebra y la formación cultural del mismo Calvino. Como se verá, la visión de la comunidad cristiana que este último había elaborado en el curso de los años, fruto de sus experiencias de "luterano clandestino", era muy particular. Esta visión no coincidió seguramente con la del catolicismo romano, tal cual ella era definida con el tiempo, de tipo jurídico institucional y centrada en la monarquía papal, sino que ella estaba también lejos de la eclesiología evangélica que fue surgiendo en otras partes del mundo protestante. Ni la solución luterana, centrada en la dimensión completamente espiritual, interior, de la vida cristiana, y poco interesada por el aspecto organizacional y disciplinario de la iglesia; ni la zwingliana, donde la dimensión eclesial era considerada como un aspecto de la sociedad, de la *Gemeinde*, es decir, la comunidad político-religiosa dirigida por magistrados civiles, no corresponden a la lectura de los textos bíblicos que hizo Calvino.

Para él, también, la sociedad cristiana era un estado de hecho —él nunca será anabautista—, pero entre el papa, que reivindica sobre ella la autoridad absoluta, y los Estados reformados (los príncipes luteranos y los consejos helvéticos), que pretenden dirigirla en primera persona, Calvino busca una solución que garantice a la Iglesia su independencia en relación con el poder civil, al mismo tiempo que colaboró estrechamente con este último por el bien de la sociedad.

Pronta y sincera

El escudo de Calvino —una mano alzando un corazón, con la divisa: "Pronta y sincera"— expresa muy claramente su identidad o su proyecto existencial: vivir sin reservas a través del don de sí. Hemos intentado adivinar cuál era el hombre en el verano de 1538. Pero ¿cuál era su visión de la realidad? En un retrato breve pero luminoso, el historiador Lucien Febvre juzga posible bosquejarla situándola en un marco cultural muy preciso, que resume en estos términos: "... la época era de realeza [...] caballeresca [...] guerrera". Es la época de las guerras de Italia, de las grandes batallas, de Bayard, el caballero "sin temor y sin reproche"; la época de los soberanos con las armaduras resplandecientes y de los vestidos suntuosos, que dirigen sus ejércitos, su corazón y sus hombres como personajes semi-divinos, aureolados de prestigio, de honor y de gloria. ¿Qué relación tiene eso con la fe de Calvino y con la Reforma? En una óptica moderna, deberíamos intentar responder que no, que no existe, explica Febvre; pero, contrariamente, puede ser que hay que responder que sí.

Para los hombres de un mundo de ese tipo, dice él, la fe es un combate, una batalla; y el creyente, un soldado. La terminología militar reaparece constantemente en los textos de Calvino; y no es por casualidad si, recordando su estancia en Ginebra en la carta a Sadoleto, recurrió a la imagen del campo de batalla: la Iglesia ginebrina era un ejército en derrota, su bandera estaba abandonada en el lodo; como una enseña, él la recoge y reconduce sus tropas al combate. Estamos en la Ginebra histórica, pero la imaginación nos transporta a Pavía, a Marignan, en los enfrentamientos donde no se cede ni un dedo, en las infanterías mixtas y de caballeros. Para esta generación, el combate de la fe conduce a la muerte, como todo combate; y mirando hacia atrás, Calvino no puede ignorar la estela de sangre o, más bien, la cadena de hogueras que canta el avance del protestantismo francés como la mayor cantidad de granos de un rosario trágico. Esta realidad de la muerte, de martirio, encuentra su monumento literario en dos grandes obras de la época, probablemente las más leídas después de la Biblia: *L'Histoire des martyrs* de Jean Crespin y el *Books of Martyrs* de John Foxe.

Soldados y mártires, ¿por qué? Por el honor y la gloria. Estos temas se encuentran constantemente en los escritos calvinianos y no es por casualidad que una de las fórmulas concisas con las que se define habitualmente el calvinismo es justamente *Soli Deo gloria* ("A Dios solo la gloria"). A esta bella expresión, se podrá agregar otra, también significativa:

"Dios reúne en nuestros cuerpos el escudo de su Hijo, a nosotros de no deshonrarlo".[5]

Esta visión de Dios como potencia soberana tiene menos relación con la doctrina de la *potestas absoluta* de la teología medieval de un Occam —el Dios que no puede ser conocido, el inescrutable, el abismo de omnipotencia— que con la figura más concreta, visible, del soberano del Renacimiento. En Dios, el creyente tiene a su rey, a su señor supremo, al que el sigue siempre viviendo en un espíritu de consagración obediente, fiel al honor que él debe tener hacia su escudo o a sus enseñas, como va a llorar la madre de uno de los tejedores de Meaux conducidos a la hoguera por el verdugo: "¡Viva Dios y sus enseñas!".[6]

Durante los primeros tiempos de su estancia ginebrina, de alrededor dos años, Calvino trabajó para conducir la ciudad a servir a su Señor con el mismo compromiso. Pero el proyecto fracasó por un sinnúmero de factores. En el plan subjetivo, hay que tener en cuenta la edad del joven teólogo (27 años); la intransigencia típica de la juventud, su inexperiencia en la vida social, la frecuentación exclusiva de los medios académicos que hace que el universo del pueblo le sea extraño, a la diferencia de un Lutero o de un Zwinglio, uno monje; el otro, sacerdote. Se añadirá también una falta absoluta de tacto o de diplomacia. Sus compañeros de trabajo, Farel y Couraud, eran del mismo genio —fogosos cabezones—, lo que fue suficiente para desencadenar la oposición. Como no se les puede sospechar del menor interés personal, su fracaso debe ser atribuido no solamente a los factores mencionados sobre su carácter, sino también a la situación objetiva.

[5] Lucien Febvre, *Au cœur du XVIe siècle*. Paris, Sevpen, 1957, p. 266.
[6] *Idem.*

CAPÍTULO 4
Refundar la iglesia

Aquél francés

En los primeros meses de su estancia, Calvino juega el papel de asistente de Farel. Cuando éste lo presenta al Consejo para que exponga su programa, el secretario no pone atención al leer su nombre y le menciona simplemente como "el francés" (*ille gallus*). La tarea que le fue confiada es muy precisa: dar cada día una formación evangélica de base al pueblo reunido en la catedral, explicando las Santas Escrituras en términos accesibles para todos. Siguiendo el ejemplo de los reformadores, Calvino escogió la Epístola de Pablo a los Romanos. Para señalar su función pública, las autoridades le facilitaron la tela necesaria para que se confeccionase una toga como la de los abogados o los doctores en derecho. Es un técnico de la materia bíblica, no un pastor, y es eso lo que será toda su vida. Es muy significativo que Calvino nunca haya sido ordenado ministro.

Análoga a las de los abogados del tribunal, la toga —siempre usada por los pastores protestantes de hoy—guarda su sentido antiguo: ella indica a una persona autorizada a hablar en la plaza que ella ocupa. Por el contrario, ¡ningún signo de salario! No es sino hasta después de haber insistido mucho que Farel logró finalmente obtener dos ecus por semana para su protegido. En el otoño, siempre a título de colaborador de Farel, Calvino participó en una disputa en Lausana. Según un sistema ya probado en Berna, Zúrich e incluso en Ginebra, los representantes de dos eclesiologías —la tradicional (católica) y la nueva (reformada)— se enfrentarán en la catedral. Los segundos —Farel, Calvino y Caroli— sacaban la delantera, teniendo como resultado que el pueblo acepte la Reforma y que los berneses ocupen definitivamente el país (cantón) de Vaud, convirtiéndose así en los "vecinos de puerta" de los ginebrinos.

La salida del clero y de los religiosos, la disolución de todo el aparato administrativo de la Iglesia, provocaron un vacío que las meditaciones bíblicas cotidianas no lograban, evidentemente, satisfacer. Nuestros "reformadores" —les podemos llamar así, aunque el término sea una invención del siglo XIX— formularon en materia de culto, de canto de la Iglesia, de las enseñanzas del catecismo, de la celebración de la Santa Cena, una serie de proposiciones que los consejos aprueban a mediados de enero y a los que les dan el título de *Articuli de regimine ecclesiae* (Artículos para el gobierno de la Iglesia). Este reglamento, que define las actividades eclesiásticas, entra en vigor como ley del Estado, lo que es enteramente conforme a la práctica tradicional. En ese tiempo, en efecto, todo gobierno se compromete directamente a mantener y a salvaguardar la religión cristiana. Profesar la religión no es un asunto privado, que concierne solo al individuo, libre de ser un cristiano o un ateo; es una cuestión de Estado. En la Europa del siglo XVI, el ateísmo no era una opinión sino un delito, es decir, el delito supremo, sujeto de la pena capital, porque cualesquiera que rechazara u ofendiera a Dios, rechazaba y ofendía la verdad y, por ende, constituía una amenaza para la vida cívica.

No podía pues haber en Ginebra más que una sola religión —el cristianismo— y, en su versión reformada, como lo habían querido los ciudadanos y lo habían decidido las autoridades. El que no lo aceptaba se ponía al margen de la legalidad. Si era el caso, la persona primeramente recibía una advertencia y, después, era reprendida. De persistir, podía ser multada o exiliada. Los reformadores formularon, sin embargo, un segundo proyecto muy característico, que indicaba una nueva orientación religiosa: redactar una nueva confesión de fe que fuera firmada por todos los ciudadanos. Desde su punto de vista, no era suficiente que la ciudad se hiciera cristiana en el plano de las instituciones: para formar parte plenamente de la comunidad, cada habitante debía estar consciente de su creencia. No se trataba solamente de promulgar una ley oficial, sino de imprimir en cada uno la conciencia de que era un cristiano reformado.

Al término del proceso legislativo ordinario —presentación del proyecto, discusión y aprobación final del Consejo al sonido de las trompetas y de las campanas— se proclamó la "Confesión de la que todos los ciudadanos y habitantes de Ginebra [...] deben juramentar para guardar y mantener".[1] Los responsables del carácter cristiano de la ciudad —sobre el plano no sólo religioso, sino también social—, eran los magistrados. Se restauraron antiguas normas y se instauraron nuevas: se prohibieron los

---

[1] Juan Calvino, Obras completas (*Opera quae supersunt omnia*), XXII, pp. 25-34; Schwetschke, Brunswick, 1863-1900. Juan Calvino, *Calvin, homme d'Eglise. Œuvres choisies du réformateur et documents sur les Eglises réformées du XVIè siècle*. Ginebra, Labor et Fides, 1971, pp. 15-26.

bailes y las canciones licenciosas; los vestidos excesivamente ostentosos, los juegos de azar; fueron castigados severamente los actos de devoción papistas y la inmoralidad. De esta manera, los alcaldes y los consejos no hacían más que seguir el ejemplo de sus colegas en Basilea, Estrasburgo y Nüremberg.

Nuestros reformadores trabajaron sus primeros meses en favor de esta reconstrucción, haciendo frecuentes viajes a otras ciudades suizas con el fin de tomar contacto con los jefes del movimiento reformado. En este periodo agitado de su historia, los ginebrinos estaban todavía en búsqueda de su identidad; muchos de ellos, aturdidos por las novedades, miraban hacia el pasado con cierta nostalgia, mientras que un núcleo sustancial encontró en la predicación evangélica una respuesta a sus expectativas, un pensamiento claro y una perspectiva de vida cristiana. Los partidarios de la nueva corriente, los *Eidgenossen* o, como se les llama ahora, los "farelianos" —no los "calvinianos", *nota bene*—, representaban, sin embargo, una fuerza importante en la ciudad. El catecismo era estudiado con celo, incluso si los chicos encontraban el texto particularmente difícil —¡no sin razón!— ; los cultos se celebraban regularmente, la asamblea se iniciaba cantando algunos salmos musicalizados sobre melodías conocidas; la Santa Cena era celebrada según el rito evangélico, con distribución de pan y vino. Pero el entendimiento —favorecido por la novedad y el estado de urgencia— que se había diseñado en el verano de 1536 entre los reformadores, las autoridades y el pueblo de Ginebra, entró en crisis al año siguiente.

Manifestaciones de rechazo se observaron en las capas populares; muchas personas tenían el sentimiento de que antaño, en la época del obispo, había más libertad y que la vida era más tranquila. Eso era verdad, en cierto sentido, porque el obispo dejaba hacer, mientras que, ahora, se enseñaba que la libertad implicaba responsabilidades. Las leyes en materia de disciplina también provocaron resistencia: se trataba ciertamente de medidas tradicionales, en seguida promulgadas y renovadas, pero su aplicación planteaba problemas esta vez. La obligación de firmar la confesión de fe representó una novedad y suscitó vivas protestas. No se ponía en tela de juicio la obligación de Ginebra de ser cristiana, sino que se protestaba contra el hecho de que el Consejo se inmiscuyera en saber si el ciudadano lo era y cómo. Esta injerencia indebida en la vida personal provocó tumultos y los magistrados se vieron obligados a posponer su aplicación.

Es permitido preguntarse si, a estos motivos de orden psicológico, que conciernen la esfera personal, no habría que asociar otros, menos evidentes, de naturaleza sociológica. Frente a los miembros de los consejos, a estos nuevos magistrados autorizados con un poder desconocido hasta entonces, la gente común experimentaba cierto malestar: ¿los dirigentes no pertenecen todos a la misma casta, la burguesía? Estos comerciantes, empresarios, miembros de las grandes familias convertidas, administran ciertamente los intereses de la ciudad mejor que los antiguos canónicos, aunque ellos también hacen negocios: pero ¿no conducen ellos una política que se acerca a la oligarquía?

Los reformadores también están en la mira, y el hecho de ser extranjeros los pone en situación de inferioridad evidente. Los ginebrinos pueden tolerar ser gobernados —incluso bajo ciertos abusos—por sus propios magistrados, pero no por franceses. Es así que se cristaliza una oposición creciente, de naturaleza más práctica que teórica, que se fija no en la predicación o en la doctrina de los predicadores, sino en la manera en que se desarrolla la reforma de la Iglesia. En un ambiente que no es seguramente el de una ciudad moderna, sino el de un gran pueblo, donde se vive más tiempo en la calle que en los estrechos hogares, nuestros predicadores sufren las miradas amargas de las mujeres que siguen venerando a las santas y a las madonas, los chistes sarcásticos de los artesanos bajo el umbral de sus tiendas, las burlas de los jóvenes. En los albergues, ellos son el tema cotidiano de críticas y de burlas; una banda de juerguistas desfila bajo las ventanas de Calvino cantando un cántico donde la frase: "Tú eres mi hermano en Cristo" se convierte en: "mata a mi hermano en Cristo".

Es la voz de la Ginebra medieval, burlona, rebelde, que habría probablemente que tomar con cierta ironía, pero que los reformadores interpretan como una ofensiva —menos contra su persona que contra su ministerio—, y el Consejo se ve obligado de intervenir y de amenazar con la cárcel y el exilio a aquellos que ofenden a los predicadores, no solamente por su religión, sino porque también son funcionarios oficiales de la República. En la primavera de 1537, las cosas se precipitan. La oposición popular crece y cuatro alcaldes recién electos —magistrados elegidos directamente por el pueblo, del que representan los intereses— pertenecen al campo opuesto a la nueva política. El factor determinante será, sin embargo, la obstinación del Consejo de los Doscientos que reivindica su autonomía en materia eclesiástica.

Lo que pone el fuego a la pólvora es la decisión de los magistrados según la cual Ginebra vivirá "según Dios y según las ceremonias de Berna"; todo lo que Farel y Calvino han hecho hasta ese momento y que no corresponde exactamente al rito bernés, es anulado. Comparadas con los trastornos institucionales ya aparecidos y a la crisis de la sociedad europea,

se trata de cuestiones insignificantes: celebrar la Santa Cena cuatro veces
por año mientras que, en Ginebra, se celebra una vez por mes; tomar el
pan con o sin levadura; y otras prácticas litúrgicas. Pero Calvino se en-
durece. ¿Por razones personales? Un poco, sin duda, pero sobre todo por
principio. El entendimiento entre Calvino y los magistrados con relación
a las medidas tomadas hasta entonces en materia eclesiástica, es entero.
Pero oculta un problema. Su concepción diferente de las relaciones entre
el poder civil y la comunidad religiosa. Este problema se volverá preponderante durante la segunda estancia de Calvino en la ciudad.

Los tres predicadores se obstinan. El viejo Couraud, ciego, es encar-
celado por usar en el púlpito un lenguaje más bien franco contra el Consejo. Calvino protesta invocando el derecho de los predicadores. Como
única respuesta, el Consejo los destituye, y les prohíbe predicar; orden a
la que desobedecen, naturalmente. La tensión culmina el día de Pascuas,
cuando Calvino predica en una catedral llena y en un ambiente de ex-
trema nerviosidad; pero rechaza celebrar la comunión, argumentando el
espíritu de discordia y de tumulto que reina en la ciudad.

De la parte de un funcionario, es un gesto de insubordinación que
el Consejo no puede dejar pasar, incluso si éste lo hubiera querido. Las
posiciones asumidas antes, el desorden creciente en la ciudad, los tiros de
arcabuz contra la casa de los reformadores, todo eso corre el riesgo de volver la situación insostenible. Es así que a los predicadores se les recomien-
da dejar Ginebra en un plazo de tres días. "Si nosotros hemos servido a
los hombres, podríamos sentirnos mal recompensados. Pero servimos a un
Dios poderoso, que nos recompensará",[2] tal es el comentario de Calvino al
enterarse de su expulsión.

La experiencia vivida estos meses abrió, en la conciencia de Calvino, un interrogatorio de fondo al que era difícil dar respuesta. Más que
la oposición popular a su persona basada en el comportamiento personal
o en la pecaminosidad humana, le afectó el hecho de que la comunidad
de firme expresión cristiana, la que formalmente había dicho que viviría
según el Evangelio, no demostró en su conducta concreta una fe plena y
madura en Cristo.

La predicación de la Palabra, según Lutero, es decir, el mensaje evangélico en su autenticidad, es lo que da origen a la iglesia. Ahora,
porque en Ginebra esta predicación había tenido tan poca incidencia se
le pidió a Calvino, ¿por qué no traer a los creyentes militantes que había

---

[2] Idem, p. 226-227.

conocido en Francia? Aún existía demasiada inmoralidad en las costumbres, las supersticiones y la religiosidad del pasado católico.

A partir de aquí iniciaría una reflexión que lo llevó considerar como un don de Dios no sólo el perdón, la gracia o la salvación, sino la propia fe. Si el Espíritu divino no actuaba en el alma de estas criaturas que seguían encarceladas por el pecado y la indiferencia, ¿por qué Dios no actúa de la misma forma en todos? Esta cuestión lo llevó a pensar en el tema bíblico de la elección. El cristiano no es el ser humano que escoge a Dios sino que es Dios quien ha elegido a esta persona, lo ha elegido independientemente de sus méritos y de su propia voluntad. ¿No se ve aquí la matriz de lo que sería uno de los temas favoritos de su predicación: la vocación, que nace de la predestinación?

No pudiendo encontrar en su contra el mínimo interés personal, el fracaso de nuestros reformadores se debe atribuir (además de los elementos de carácter subjetivo, los cuales se refieren a la personalidad: la intransigencia, la falta de tacto o de diplomacia, la falta de experiencia), a las causas que ya se han evidenciado, de naturaleza objetiva. ¿Ginebra y sus magistrados cerraron el paréntesis tomando en consideración el recorrido de la identidad cultural, política y religiosa hasta el punto en que se había interpuesto entre ellos, «aquel francés»?

En la quietud de Estrasburgo

Después de haber salido de Ginebra bajo los silbidos de la multitud, Farel y Calvino se retiraron a Basilea. Mientras que el inquieto Farel se irá de ella unas semanas más tarde para regresar a su vocación de predicador itinerante en el cantón de Neuchâtel, Calvino se estableció en Basilea con la firme intención de retomar la vida que había abandonado dos años antes, cuando se fue a Ferrara. Es una ilusión, porque le llegan inmediatamente solicitudes para que retome una actividad pública, demandas a las que opone un rechazo seco, justificado por su fracaso ginebrino. Lo que hará doblar su reticencia será, una vez más, un mandato de tipo paternal: como Farel lo había hecho en Ginebra, Bucero le recuerda con autoridad que lo que está en juego no es el éxito literario, sino el honor de Dios. Evocando el caso del profeta Jonás, que había intentado en vano escapar a su vocación, Bucero lo convence de ir a Estrasburgo.

La estancia en la ciudad alsaciana dura alrededor de tres años y no constituye solamente un paréntesis de calma —el único período de serenidad en su azarosa existencia— o tal vez la etapa fundamental de su formación. Si la Ginebra ha "hecho" a Calvino en el sentido de que ella le ha permitido realizar su vocación, Estrasburgo lo forma como reformador, es decir, le proporciona las herramientas necesarias para su futura tarea. Y no es que se esté lejos de la verdad viendo en Ginebra un Estrasburgo realizado, el plan de Bucero es aplicado de una manera compatible con las condiciones culturales de la época, su proyecto de reforma se traduce en un hecho histórico.

Calvino ha llegado a los 30 años, pero ya tiene un bagaje cultural de excepcional magnitud. En el curso de sus viajes, ha descubierto los países y los hombres; conoce bien los problemas de su tiempo y su capacidad de trabajo es considerable. Lo que le falta para alcanzar su plena madurez es una experiencia de vida eclesiástica, y eso es justamente lo que encontrará en la ciudad alsaciana, protestante desde hace 15 años. Los interlocutores que van a reemplazar al impetuoso Farel y sus humildes colegas son hombres de su nivel: Mathias Zell, gran predicador en la catedral; Capiton, profesor en la universidad; Johannes Sturm, quien fundó el colegio del que es director; y, sobre todo, Martin Bucero, teólogo situado entre Lutero y Zwinglio, a quien se le puede considerar como igual. No fue una casualidad que, en la Dieta de Augsburgo de 1530, Zwinglio presentase en nombre de Estrasburgo una confesión de fe original, al lado de la de los luteranos.

El encuentro con estos grandes personajes toma un sentido particular porque, no contentos con estar dotados de una vasta cultura, son hombres serenos, con ideas ponderadas —ejemplos raros en este siglo de fanatismo y de excesos, en el que se es incapaz de escribir un libro sin tratar a su adversario de "perro rabioso", de "piojo" o de "demonio, ¡hijo de Satán!"—. Es una lección de moderación que Calvino aprende sólo en parte, es verdad, pero que modera en todo caso su perspectiva de los problemas. La deuda de Calvino con la comunidad estrasburguesa se sitúa en tres niveles: vida eclesial, cultura teológica y experiencia sobre el plan personal y ecuménico.

Después de haber sido predicador en Ginebra bajo el mandato del Consejo, recibe en Estrasburgo la responsabilidad de pastor de la pequeña comunidad francófona (en esa época, Estrasburgo forma parte del Sacro Imperio Romano Germánico), lo que le permite obtener en pocos años la experiencia de una vida eclesiástica estable. Los evangélicos que se reúnen a su alrededor no son muchos —300 o 400, probablemente—, y provienen de medios muy diferentes, tanto en el plano social (nobles, pobres, artesanos, universitarios) como en el religioso (evangélicos convencidos, semi-católicos, simpatizantes anabautistas). Pero, aparte de la lengua y la nacionalidad, un lazo extremadamente fuerte los vincula: el hecho de haber sacrificado todo por la fe. Son personas que han colocado la verdad del Evangelio por encima de toda otra realidad y que desean vivir esta verdad. Con ellos, Calvino sólo puede estar a gusto, porque él también está prófugo desde hace varios años y no tiene otro deseo que de servir al Señor.

Mirando a su alrededor, se puede constatar cómo los problemas de la liturgia y del culto fueron resueltos en Estrasburgo; qué enseñanza que se da a los niños; de qué manera se organiza la asamblea de los ancianos que tienen como tarea velar por la vida de la comunidad; cómo funciona el servicio de los diáconos que asisten a los pobres. También aprende mucho de las escuelas fundadas en esa misma época por el gran pedagogo, Juan Sturm. Para su pequeña comunidad, Calvino escribe una liturgia del culto dominical que se inspira en la utilizada en otros sitios de la ciudad; compila algunos salmos traducidos en verso por el poeta evangélico Clemente Marot, que más tarde se refugiará en Ginebra, y que compila él mismo, formando así el primer himnario del mundo reformado. La Santa Cena —que los reformadores consideran parte esencial del culto— es celebrada cada mes; el pastor se entrevista con todos los miembros que tomarán el sacramento para así estar seguro de su fe.

Una cosa no menos importante que Calvino debe a Estrasburgo —incluso si el hecho no siempre es reconocido— es de orden cultural. En este período de su vida, no se sabe exactamente cuáles son sus conocimientos teológicos. En el Colegio Montaigu seguramente recibió una formación profunda, aunque orientada más hacia la escolástica y desde entonces ha hecho muchas lecturas. Pero en Estrasburgo tiene la ocasión de profundizar sus conocimientos de exégesis y de patrística, en particular de San Juan Crisóstomo —por los padres griegos— y de san Agustín —por los latinos—. Este último será, por cierto, su teólogo de referencia. Esta relectura de los textos patrísticos ya descubiertos en el transcurso de sus estudios, pero sobre todo la extensión de sus conocimientos en la materia, tendrá una importancia fundamental para su concepción de la Iglesia. En la época en la que estaba en Ginebra, no tenía más experiencia que la de las asambleas que había conocido durante su clandestinidad: grupos minúsculos de creyentes "integristas" dispuestos al martirio. En Ginebra, esta visión ideal de la comunidad cristiana había chocado con la realidad de una población cristianizada, donde fracasó, como se ha visto.

La situación es diferente en Estrasburgo, porque la comunidad es, de alguna manera, una entidad abstracta, sin raíces ni historia; en esta ciudad, también, el peligro es el de una teología anabautista, que llama a integrarse a la comunidad apostólica —es decir, a la Escritura— haciendo caso omiso de los siglos que separan al apóstol Pablo de Martín Lutero. El mensaje de la justificación por la fe que el reformador de Wittenberg ha predicado es ciertamente el mismo que el que el apóstol Pablo expuso en su Epístola a los Romanos, el mensaje de la gracia es el mismo ayer y hoy, pero ¿qué pasó en el intervalo? "El reino del papa, del Anticristo", dicen los reformados. Respuesta verdadera, pero demasiado esquemática para un hombre de leyes como Calvino.

Lo que sucede es que la Iglesia de Cristo ha vivido una historia intensa de reflexión teológica, de debate, de fe; incluso si esta historia está contaminada con muchas faltas y si los testimonios de la Era Patrística constituyen los grandes causantes. Al releer a los Padres, Calvino redescubre la dimensión histórica de la Iglesia, su universalidad, su amplitud y se descubre como su heredero. La Reforma no es una ruptura de la unidad cristiana, las comunidades reformadas no son quistes bastardos en el tronco de la iglesia: son las herederas auténticas de la tradición; es la teología escolástica la que ha traicionado a los Padres, de los que él, Calvino, es el verdadero discípulo. Es posible imaginar una comunidad cristiana más amplia, más articulada que la que él tenía en el espíritu, un pueblo cristiano guiado por la palabra de Cristo hacia la santidad, de manera pastoral y pedagógica, como lo hicieron los grandes pastores de la Antigüedad. En este marco de reflexión es que nació el futuro de la Ginebra calvinista.

Sus capacidades pedagógicas y su bagaje cultural son naturalmente explotados por la Academia, donde enseña teología comentando la Epístola a los Romanos El fruto de este trabajo teológico y de estos contactos será una nueva redacción de la *Institutio*, publicada en latín en 1539. Reelaborada profundamente y mucho más amplia que la edición precedente, la obra presenta la fe cristiana según el esquema tradicionalmente clásico de los tratados de dogmática reformados, que sigue el credo tratando alternadamente sobre Dios —su naturaleza, su obra—, sobre Jesucristo, sobre la salvación, la fe, la Iglesia y sobre la vida del creyente. Esta obra es generalmente considerada como el texto calviniano por excelencia, la que proporciona la idea más acabada del pensamiento calviniano. Este juicio puede ser compartido, pero debe ser matizado: no estamos en presencia de un tratado de dogmática de tipo universitario, sino de una construcción teológica o de una biografía cultural. Constantemente remodelada y ampliada, la obra conservará en realidad hasta la última edición (1559) su carácter de manual, de repertorio de los problemas teológicos que Calvino tuvo que afrontar sucesivamente en la vida de la Iglesia ginebrina: la

Trinidad, la predestinación, la penitencia; todos los temas suscitaron polémicas y debates encendidos, y que encuentran, aquí, su sedimentación.

La traducción francesa, aparecida en 1541 en Ginebra, fue un acontecimiento desde el punto de vista cultural: renunciar al latín, el lenguaje de los eruditos, y recurrir a la lengua vernácula para exponer los problemas de alta teología representó para la época una novedad absoluta, una opción impensable. Tanto los humanistas como los padres jesuitas, todos defensores de la Antigüedad clásica y de una cultura elitista, no ocultarán su inquietud por ver una obra teológica tratando los misterios divinos en las manos de los artesanos —estos "manuales" u "hombres mecánicos", como se les llamaba entonces—, de mujeres, de gentes del pueblo ignorantes.

Cuando se declara que la Reforma fue la hija de la imprenta, se exagera probablemente un poco, porque muchas otras fuerzas también jugaron un papel. Pero es indudable que el libro fue una herramienta esencial de su difusión, y especialmente en lengua vernácula, accesible a todos. Exégeta hábil y teólogo confirmado, Calvino reveló igualmente durante estos años dones excepcionales de polemista; la ocasión le fue ofrecida por el cardenal Sadoleto. Este prelado erudito, partidario del reformismo evangélico —pero en el seno de la Iglesia romana—, envía en efecto a los ginebrinos un mensaje en el que les exhorta a regresar a su madre Iglesia; su tono se quiere paternal y lleno de amor, pero suena más bien meloso y paternalista. Los ginebrinos quisieran responder para justificar su opción, pero no teniendo la capacidad, se dirigen a su antiguo predicador.

Calvino responde a Sadoleto de manera serena, pero firme. Al cardenal, quien insinúa que están en juego intereses personales, le hace notar, irónicamente, que la Iglesia romana le habría ofrecido oportunidades muy superiores. Lo que le ha movido es otra cosa que la preocupación por su carrera: la voluntad de restaurar la verdad. Y al prelado —que exhorta a los ginebrinos a salvar su alma regresando a la fe de sus padres, porque, desde su punto de vista, allí se encuentra la tarea primordial del creyente—, Calvino responde que la esencia de la vida cristiana no es salvar el alma, sino vivir para la gloria de Dios, sintetizando finalmente su pensamiento en la fórmula lapidaria: "Nosotros hemos nacido principalmente para Dios y no para nosotros mismos".[3]

---

[3] La respuesta figura en las *Œuvres complètes* (note 17), V, pp. 365-416 y en las *Œuvres de Jean Calvin. Trois textes présentés et annotés par Abert-Marie Schmidt*, "Je sers". París-Ginebra, Labor et Fides, 1935, pp. 30-97

Para muchos personas, esta manera de pensar parecía entonces —y parece todavía— negativa y frustrante: humillado, con sus capacidades reducidas a nada delante de la omnipresencia divina, el ser humano no es sino un esclavo o una marioneta. Para Calvino, en ese entonces, y para millones de reformados después de él, es, al contrario, la única manera de vivir dignamente, porque ella sustrae precisamente al individuo del pequeño mundo de su "yo" para hacer de él un artesano de la historia.

Experiencias

Durante su estancia estrasburguesa, Calvino también tiene la ocasión de vivir algunas experiencias fundamentales, sobre todo en política internacional, dominio evidentemente marcado por los problemas religiosos. Estas experiencias tendrán una influencia determinante sobre su visión de la Reforma y sobre las relaciones inter-confesionales. En los años cuarenta del siglo XVI, Carlos V prosigue una política de mediación entre el papado y los protestantes, cuyas posiciones se radicalizan cada vez más; para él, se trata de evitar una ruptura definitiva, que pondría no solamente en cuestión la unidad de la iglesia, sino que comprometería también sus propios esfuerzos para frenar la ofensiva turca.

Es así que, bajo el patronazgo del emperador, tiene lugar entre abril de 1539 y abril de 1541, una serie de encuentros en Frankfurt, Hagenau y Worms, donde se reúnen representantes de la tradición católica y los partidarios de la nueva teología. Los católicos son representados por personalidades de primer plano: Johannes Eck, profesor en Ingolstadt, el primero en haber mantenido una polémica con Lutero en Leipzig; Albert Pighius, otra celebridad que luchará contra con Calvino más tarde; y, sobre todo, el nuncio Gaspare Contarini, portavoz de la corriente católica-reformista, que terminará delante de la Inquisición. Las posiciones evangélicas son defendidas por Felipe Melanchton y Martín Bucero, el mismo acompañado por muchos colegas, entre ellos Calvino. Gracias a estos encuentros, este último pudo entrar en contacto con los representantes de la teología luterana, en particular con Melanchton, con quien le ligará por siempre por una sólida amistad. Se tendrá la prueba, por ejemplo, en el hecho de que, en 1546, asume la traducción francesa de las *Loci Communes* (Lugares comunes), la obra principal de Melanchton, que él completa con un prefacio elogioso.

Los encuentros conocen altas y bajas, pero un entendimiento parece dibujarse en materia de justificación por la fe, según el modelo que será finalmente firmado en 1999 por la Iglesia católica y la Iglesia evangélica alemana.[4] Sin embargo, los tratos se interrumpen a causa de una intervención de Roma sobre un tema muy específico: la naturaleza de la iglesia y el poder del magisterio. Es así que fracasa la última tentativa de mediación antes del Concilio que iniciaría en Trento en 1545. Para nuestro teólogo, estos debates apasionados le abrieron los ojos —mucho mejor que la lectura de los libros— sobre los verdaderos problemas que separaban al catolicismo del protestantismo.

Rica en satisfacciones espirituales y culturales, su vida de pastor no fue, sin embargo, muy brillante desde el punto de vista económico; el florín que la Academia le versa cada semana por su curso de teología no le permite vivir en el lujo. Conformándose, pues, a la tradición de la época, recibe a algunos estudiantes en su casa —al igual que lo hacen Lutero y Bucero— en una especie de internado. Frecuentemente, sin embargo, profesor y estudiantes se ven obligados a vaciar sus monederos para compartir una comida. ¿Son exigencias de este orden o la preocupación de su salud o aún más, la insistencia de sus amigos, las que lo empujaron a buscar una mujer? Imposible saberlo. En Ginebra la idea de tener una casa como todo el mundo no era ciertamente imaginable, pero ella se vuelve concebible en la tranquilidad de Estrasburgo, donde está rodeado por el afecto de su pequeña comunidad y del clima de serenidad laboriosa de toda la ciudad. Después de investigaciones infructuosas en diferentes direcciones, la elegida es una viuda de origen flamenco, miembro de su comunidad, Idelette de Bure. Es una opción existencial, en todos los puntos parecida a la hecha por Lutero, por Bucero y los otros reformadores, pero que amerita, aquí, ser aclarada.

Estos hombres educados en un medio monástico —pero la reflexión vale también para los humanistas que viven su experiencia cultural como una especie de sacerdocio laico— resienten el mundo femenino como profundamente extraño, siempre cargado del descrédito y de las reservas de toda la cultura medieval. Casarse implica superar esta mentalidad, realizar un proyecto conyugal, construir una familia, iniciar una experiencia ético-espiritual. La selección del matrimonio no responde a aspiraciones de orden sentimental, en efecto, románticas —perfectamente desconocidas en la época—; como tampoco puede ser rebajada a un utilitarismo banal, y aún menos a la satisfacción de inclinaciones licenciosas (como lo repetirán los polemistas católicos, todos solteros, por cierto). Pero si eso

---

[4] Poniendo en el centro del debate el concepto de "gracia soberana", en la línea de la teología agustiniana, se reduce la oposición entre la fe y las obras.

puede parecer sorprendente, esta selección tiene fuertes connotaciones con la vocación, al lado de las exigencias de orden práctico.

Si, de hecho, el predicador protestante ya no es más un padre vestido de sacerdote, sino un laico, el matrimonio debe convertirse entonces en parte integral de su vida, pues no podría hablar de lo que no sabe y la mitad del género humano está compuesto por mujeres. Los obispos de la era apostólica estaban casados —incluso el apóstol Pedro—. Mientras que el sacerdote de la Contrarreforma vive en la parroquia, el pastor reformado tiene una familia, una casa que se convierte muy a menudo en un centro de vida, un lugar de referencia de su comunidad. La de Calvino no lo sería lamentablemente por poco tiempo, porque Idelette murió después de pocos años, dejándolo nuevamente solo.

Un hombre en la plenitud de sus fuerzas, sin preocupaciones inmediatas, convertido en ciudadano de su ciudad, inscribiéndose en la corporación de los sastres, que lleva una existencia serena, en su casa y en la Academia, con sus estudiantes, tal es la imagen que tenemos de nuestro héroe, muy diferente de la transmitida habitualmente, del estereotipo del ser insensible, frío, que llama a la comparación con la dureza del hierro y con la temperatura del hielo. Como Calvino no es un hombre al que le encanta hablar de sí mismo, como ya se ha dicho, sus cartas y sus obras son escasas en confidencias. ¿Cuáles son sus sentimientos, sus gustos, sus reacciones? ¿Es feliz o es triste en tal o cual circunstancia? ¿Estima a esta persona o no? Él considera todo esto como sin importancia para su trabajo. La única cosa esencial es servir a Dios, pero este servicio efectuado en la paz de Estrasburgo será de corta duración.

Las relaciones con Ginebra nunca se interrumpieron completamente, como se ha visto en el caso de Sadoleto; los partidarios de Farel se mantuvieron importantes y, cuando ganó las elecciones de 1541, los magistrados ginebrinos presionaron a Calvino para que regresase, frente al deterioro inquietante de la situación. Su primera reacción, tal como la manifestó a Farel y a Viret, fue comprensible: prefería morir cien veces, atravesar el mar, antes que volver a esa ciudad de suplicios. Pero la insistencia de sus amigos, de Bucero, y más aún, de su conciencia, lo doblaron: si se declara querer vivir solamente para cumplir con la voluntad de Dios, se debe ser capaz de renunciar a la vida tranquila, y si se afirma que hay que vivir de tal o cual manera, se debe ser el primero en poner el ejemplo, simplemente por una cuestión de coherencia.

CAPÍTULO 5
Los trabajos y los días

Las *Ordenanzas eclesiásticas* y la sociedad civil

Puntuales y meticulosas, las actas del Consejo de Ginebra[1] informan que, a su regreso, Calvino se presentó ante los magistrados y, habiéndose disculpado por sus eventuales desbordamientos del pasado, se declaró dispuesto a "organizar la Iglesia", como lo demandaban las autoridades, y a ser "siempre un servidor" de Ginebra. Él respetará escrupulosamente este compromiso y vivirá hasta el fin de sus días con la convicción de participar en la renovación espiritual de la ciudad donde Dios lo ha llamado de manera tan inesperada. El motivo de esta fidelidad no fue seguramente de orden material: su situación económica siempre será precaria, incluso cuando se haya convertido en la personalidad más vista de toda la ciudad.

En calidad de funcionario juramentado de la República,[2] vivió —para hablar en términos modernos— con un permiso de residencia y un contrato determinado, lo que significa que siempre estuvo preparado con el fin de retomar sus peregrinaciones para ejercer en otro sitio su actividad (en caso de que fuera despedido). La ciudadanía le fue otorgada solamente unos años antes de su muerte, en agradecimiento por los servicios prestados —muchos y en todos los dominios—. No se concretó solamente a predicar, sino que se comprometió en cuerpo y alma a una actividad incesante. Primero, de orden cultural —por la pluma y la enseñanza—, y luego, apoyando a los magistrados —quienes lo llamaron constantemente— por sus opiniones, consejos y proyectos, se tratara de organizar las embajadas ante otros cantones suizos o ante los príncipes alemanes, o de redactar un proyecto de código civil, o definir la política frente al gobierno francés.

---

[1] Cf. Jean Rilliet, *Calvin*. París, Fayard, 1963, p. 138

[2] Los pastores tenían que tomar protesta de fidelidad ante los magistrados al asumir sus funciones.

La coherencia absoluta de su comportamiento, así como su entrega total a la causa de Ginebra, fueron indiscutibles, de allí un "poder" —término al que recurre a menudo, porque no tiene otra palabra mejor, para definir su presencia en la sociedad civil—(cuando no utiliza otras palabras aún menos apropiadas como "tiranía" o "despotismo")— sin precedentes. Calvino reanuda entonces su actividad en el punto donde la había dejado. En su primer sermón —que todos los fieles esperan con curiosidad comprensible— no hizo la menor alusión al pasado y prosigue simplemente la meditación sobre el texto hasta allí, en donde se había detenido tres años antes. Observó la misma actitud en la presidencia de pastores y consejeros encargada de redactar el nuevo reglamento religioso de la ciudad: basta con retomar los *Artículos* de 1537 y mejorarlos aprovechando la experiencia que adquirió en Estrasburgo.

Estas *Ordenanzas eclesiásticas* regulaban todos los aspectos de la vida eclesial ginebrina. Mejorados con el tiempo para tener en cuenta nuevas situaciones, proporcionaron a la Iglesia de Ginebra el esqueleto jurídico, el cuadro normativo en el cual podía practicar su vida religiosa. La organización de la vida civil seguía siendo la de los años 1536-1538 —pero los problemas no resueltos eran también los mismos—. Atribuir a Calvino la austeridad de la vida ginebrina y ver el fruto de su visión moralista de la existencia y de su carácter autoritario, es un error. Ya se ha visto que esta legislación había existido antes que él y ella obedecía a los criterios culturales de la sociedad de la baja Edad Media. Lo que constituía un problema en la Ginebra de esos años no era pues la naturaleza de la legislación, que todos aceptaron —o sufrieron—, sino saber quién sería el encargado de aplicarla. En la tierra helvética (Suiza), la respuesta era inequívoca: esta tarea incumbía a los magistrados, quienes continuaron ejerciendo las prerrogativas heredadas del poder episcopal. Fue el caso en Zúrich, en Berna e incluso en Estrasburgo.

Para Calvino, sin embargo, esta solución no era conforme a las Escrituras: la realidad de la fe y los problemas conexos —incluyendo los de la ética—, son más la competencia de la Iglesia que del gobierno civil. El problema es que Calvino es el único de todos los hombres de la Reforma en entablar la discusión sobre la relación que se establece entre estas dos realidades presentes en Ginebra, con sus caracteres bien definidos. La solución —muy original, incluso si ella no es absolutamente satisfactoria— fue la creación del Consistorio, que representó una novedad en las *Ordenanzas*, no solamente en relación con las leyes de 1537 sino, sobre todo, con los reglamentos análogos en vigor en otros territorios protestantes.

El Consistorio: modelo de gobierno democrático

Como muchos acontecimientos, la creación del Consistorio trajo a la luz una huella característica de la personalidad de Calvino, a saber, su sentido de la organización, su capacidad para reformular de manera adecuada realidades preexistentes. Si, en efecto, Calvino no había inventado soluciones inéditas, por el contrario, perfeccionó las intuiciones y experiencias realizadas por otras personas en el mundo de la Reforma y les supo dar una forma orgánica, creando así algo nuevo con lo viejo. Como se sabe, el Consistorio existía desde hacía mucho tiempo —y existe todavía en la Iglesia romana, donde este colegio de cardenales colabora con el papa en la dirección de la Iglesia—. Sin estar sometido al papa, evidentemente, el Consistorio ginebrino tiene una cierta analogía con el modelo romano, porque es también un órgano colegial que dirige la vida eclesial.

Más que al modelo romano, sin embargo, hay que referirse a las experiencias análogas en el campo protestante: el "Consejo matrimonial" de Zúrich, comisión compuesta por pastores y magistrados para resolver los problemas específicos de las parejas; o los borradores de proyectos lanzados por Ecolampadio y Bucero para sistematizar intervenciones disciplinarias en sus iglesias, proyectos a los que las autoridades de Basilea y de Estrasburgo no habían dado un seguimiento. El Consistorio ginebrino se componía de cinco pastores de la ciudad y doce delegados del Pequeño Consejo (un delegado por barrio). ¿Cuáles eran sus tareas? Ejercer el control sobre la vida de la ciudad, tanto en lo concerniente a la ortodoxia espiritual —asegurando que no se expandan doctrinas no conformes con la confesión de fe aprobada en su tiempo— así como la buena conducta de los creyentes. En caso de falta ligera o de pecadillos morales —los delitos castigados con prisión, con el exilio o con la pena capital son exclusivamente competencia del Consejo— el culpable era convocado y exhortado fraternalmente a cambiar de vida y, en caso de reincidencia grave, se le aplicaba una multa.

Al crear el Consistorio, Calvino se situó ideológicamente en la línea tradicional de una ciudad de la época, donde todos sus habitantes se consideran como una sociedad cristiana. La novedad absoluta, sin embargo, fue que el organismo que garantizaba este carácter cristiano tenía una naturaleza doble: los 12 miembros del Consejo eran funcionarios del Estado, pero, por el hecho de estar integrados en una estructura eclesiástica, se convertían en "ancianos" (traducción de los *presbíteros* neotestamentarios). Dicho de otra manera, laicos revestidos de un ministerio religioso. El mismo sistema valía para los dos consejeros encargados del hospital y de la asistencia a los indigentes, que eran como la encarnación moderna de los diáconos de la época apostólica.

Ahora bien, eso significa que, contrariamente a lo que pasa en todas las ciudades suizas, la instancia que gobernaría la vida religiosa ya no era el poder civil, de la que cuya estructura eclesiástica no sería más que el instrumento, sino la misma Iglesia, que reivindica el poder pastoral —o episcopal, para retomar el vocablo apostólico—.[3] Se comprende fácilmente que el ideal, para el reformador, habría sido que el Consistorio fuese enteramente independiente del poder político, sistema sin embargo impracticable a menos de escoger la solución anabautista, es decir, la hipótesis de una Iglesia de Cristo perfectamente extranjera al mundo, el que es abandonado al juicio divino. Calvino no tiene la intención de ser un anabautista, de allí su solución mixta, que es lo máximo que se puede realizar en una cultura todavía fundada sobre el modelo medieval de la *societas christiana*.

No es difícil comprender por qué las tensiones que se habían manifestado entre los consejos y los predicadores en el curso del periodo 1536-1538 resurgen ahora entre los consejos y el Consistorio, en particular sobre un punto: la excomunión, es decir, la sanción máxima de la disciplina eclesiástica. Los reformadores del territorio suizo —Ecolampadio, en particular— estimaban que había que regresar a la Iglesia de los orígenes y restaurar la excomunión —aunque con muchas precauciones— en contra de aquellos que ofendían la fe evangélica con un comportamiento manifiestamente escandaloso. Calvino compartió esta opinión, juzgando que no se puede dejar en la impunidad a aquellos que se burlan del Evangelio y de la ley de Dios.

Medio supremo del control eclesiástico sobre la sociedad en la Edad Media y un instrumento particularmente odioso del poder papal, la excomunión había perdido evidentemente cualquier alcance penal en los territorios pasados a la Reforma. Pero para un ginebrino, ser sancionado —es decir, excluido de la Santa Cena— significaba ser borrado de la comunidad en sus dos aspectos: religioso y civil. Se comprende entonces que los consejos reivindicasen para ellos el derecho de pronunciar la excomunión.

"Somos nosotros", dijeron los magistrados, "quienes hemos decidido realizar la Reforma en la ciudad, de vivir cristianamente, de renovar la Iglesia, y quienes promulgamos estas leyes; es pues a nosotros a quienes nos incumbe castigar a los malhechores y a los rebeldes; aunque también de

---

[3] El *episkopos* neotestamentario es el "vigilante" de la comunidad.

decidir *quién* es el rebelde. La Iglesia cumple con su deber cuando predica y amonesta; pero ella no puede excluir a un ciudadano de la comunión, el que es un derecho y una obligación de todos los ciudadanos". Calvino responde: "No, en absoluto. Se trata de una sanción exclusivamente espiritual. La Santa Cena, siendo la comunión de los creyentes con Jesucristo y entre ellos, únicamente la Iglesia tiene la facultad de aceptar en su comunión o de excluir de ella al cristiano ginebrino infiel".

Vista desde el siglo XXI, la solución calviniana del Consistorio puede parecer ambigua; pero si se coloca en el contexto cultural del XVI, es más exacto ver en ella un compromiso. Porque, en esta época, la hipótesis de una realidad eclesiástica perfectamente independiente del poder civil —la de una "Iglesia libre en un Estado libre", según la definición del XIX— es totalmente inconcebible. El marco de referencia no es, entonces, la concepción moderna de la relación entre el Estado y las confesiones religiosas, en la que la independencia y la libertad de los segundos son la contraparte de la laicidad del primero sino los ejemplos de la política contemporánea. El Consistorio ginebrino debe ser comparado con los reyes Enrique VIII, quien se proclamó jefe de la Iglesia anglicana, y Francisco I, a quien el concordato de 1515 le atribuyó el derecho de nombrar a los obispos y los abades en su reino, teniendo enfrente al papa, soberano supremo de un Estado italiano, que lanzaba guerras y conquistaba ciudades.

Mientras que, tanto en el campo católico como en el protestante, las Iglesias de Estado sostendrían el absolutismo y la unión del trono y del altar, es decir, el Antiguo Régimen; y que los Estados Pontificios encorsetarían a la Iglesia hasta 1870, la solución del Consistorio abrió la vía a la concepción moderna de la separación de la Iglesia y del Estado. Es pues justamente a causa de su aspecto jurídico indefinido, de su carácter de compromiso, que el Consistorio encontró su complimiento fuera del contexto ginebrino; remontándose al proyecto calviniano original, el modelo del Consistorio proporcionará a las Iglesias de tipo calvinista la estructura que garantizaría su sobrevivencia.

Habiendo excluido el ministerio episcopal —a diferencia de los luteranos y de los anglicanos— obligados a vivir casi siempre en la clandestinidad y en el temor de la represión, condenadas a desaparecer por falta de referencias jurídicas claras, estas iglesias encuentran sus guías y su anclaje histórico en los consejos formados por laicos —los "ancianos"— y un pastor teólogo, flanqueados por uno o varios diáconos encargados de asistir a los pobres. Desde Francia hasta Nueva Inglaterra, pasando por

Escocia, los consistorios calvinistas elegidos por las asambleas de los fieles representaron el primer ejemplo de lo que podemos calificar de modelo de gobierno democrático.

Aparte de los consejos municipales y los alcaldes —autoridades políticas únicas en las ciudades suizas—, Ginebra no tenía solamente una estructura enteramente nueva —el Consistorio— sino también su "Venerable Compañía", es decir, el cuerpo de ministros (o pastores) de la República (ciudades y pueblos); de carácter exclusivamente teológico-cultural. Esta "Venerable Compañía" se convertirá en una de las ruedas vitales de la vida ginebrina. En una ciudad minúscula, devastada por la crisis económica y en estado de sitio permanente, la aplicación y el funcionamiento de todas estas estructuras no fue simple y no se produjeron sin fricción; fueron necesarios muchos años para que las relaciones se aclararan más o menos en el sentido querido por Calvino.

Cuando se presenta a Calvino y a su trabajo en Ginebra, se describe en general más el perfil del personaje y menos el del ser humano; se detiene sobre la actividad que el organizador desplegó en la ciudad y en su inmensa producción literaria, pero se olvida frecuentemente el hecho de que, siendo eminentemente culto y muy dotado para la organización, era un hombre del siglo XVI, plenamente integrado en la civilización de su tiempo, de la que compartía sus ideas, temores, aspiraciones y prejuicios. Es imposible, como lo hemos visto, descubrir directamente sus pensamientos y sus sentimientos a causa de su característica reticencia, pero su personalidad de hombre del siglo XVI se reconstruye con elocuencia en su predicación. Volveremos más adelante sobre esta cuestión.

La época en la que vivió está caracterizada por una profunda crisis de valores y de referencias culturales en las que la sociedad había vivido hasta entonces —pero esta crisis no significó que los medidores hayan sido puestos en cero—. Si es permitido remontar al comienzo de los tiempos modernos a 1492, el año del descubrimiento de América, la Edad Media todavía no había terminado. Porque la historia no es un libro del que se hojearían las páginas de un capítulo tras otro. Lo nuevo se mezcla con lo antiguo, y el mundo medieval sigue estando presente en las consciencias en la época de Calvino y, pues, inevitablemente, también en la suya sucedió eso. Si bien no compartió las supersticiones y creencias astrológicas que dominaban los espíritus de sus contemporáneos —escribirá un panfleto incendiario contra la astrología—, de todas maneras estaba persuadido de que la peste es transmitida por los malhechores que pintarrajean las puertas de grasa rancia, y en el transcurso de una epidemia que diezmaba a la ciudad, no puso la menor objeción a que se quemaran y destrozaran cierto número de sospechosos.

En materia de brujería, la opinión ginebrina no difería de la del resto de Europa, puesto que también tuvo como referencia obligada el *Malleus malleficarum*, terrible tratado sobre la caza de brujas, y Calvino consideraba la brujería como una cosa seria. Tampoco hay que subestimar su formación jurídica: alimentado con el derecho romano, considera —como todos los juristas de su tiempo— que la pena de muerte es perfectamente normal y piensa que la tortura es un sistema eficaz para descubrir a los culpables. En todo eso, pertenece bien a su clase social, la burguesía de los comerciantes y de los sabios, que se encuentra en ese tiempo a la cabeza de la renovación europea; sin menospreciar al pequeño pueblo, los campesinos, los pequeños artesanos, como algunos lo han pretendido, pues hay que decir que Calvino no fue un hombre del pueblo como Lutero.

El retrato de este Calvino, hijo de su tiempo, el carácter todavía medieval, incluso si ya es un moderno por otros aspectos, ha sido establecido en un ensayo calificado como clásico escrito por el estudioso estadunidense William Bouwsma,[4] quien devolvió su humanidad al reformador y lo expurgó de su imagen como máquina de escupir reglamentos y dogmas. De "carácter ansioso", dice este historiador, a causa de una visión pesimista del mundo y de la sociedad, percibidos como medios dominados por las incertidumbres, los peligros, las guerras, las enfermedades y la presencia constante de la muerte; preocupado por las tensiones y los conflictos que él observa en cualquier parte del mundo y, en particular, en la vida colectiva, Calvino temía, por encima de todo, el desorden del pensamiento y de la vida. No es por casualidad que los términos que se repiten a menudo desde su pluma sean "abismo" y "laberinto": se trata de imágenes del caos, de la confusión, de las realidades incontrolables. En esta óptica, la vida cristiana consiste en disciplinar el espíritu y la vida; la preocupación esencial de Calvino no era elaborar teorías, sino cambiar la vida de los individuos para ayudarlos a afrontar una existencia peligrosa. Esta imagen del reformador podría ser moderada por otros elementos menos sombríos de su visión del mundo, pero la definición de su programa es pertinente.

---

[4] William John Bouwsma, *John Calvin, a sixteenth-century portrat*. Oxford-Nueva York, Universidad de Oxford, 1988.

La autoridad de la Escritura y la doctrina de la predestinación

Como es evidente que la situación ginebrina no podía cambiar en tan poco tiempo, era lógico que Calvino se viera confrontado por la realidad urbana y que las manifestaciones de intolerancia y las protestas de los años 1536-1538 hayan reaparecido, aun bajo diferentes formas. La primera —que fue ciertamente la más manifiesta, en la época, bien que no se la perciba más, hoy en día, por falta de documentos— fue la protesta popular contra las antiguas y las nuevas leyes, contra la disciplina impuesta desde entonces, de una manera más rigurosa, por parte del Consistorio.

El espíritu de la vieja Ginebra fue el que despertó aquí. La ciudad luchaba desde hacía 30 años por su independencia y no ha echado a su príncipe-obispo para someterse a un nuevo episcopado. Pero hubo probablemente en todo esto algo más: fue el mismo proyecto calviniano el que no convenció, porque los ginebrinos consideraban la realidad cotidiana y sostenían que su mundo era la casa, la calle, la tienda, mientras que Calvino soñaba con utopías. Para el pueblo ginebrino, la renovación realizada hasta entonces respondía plenamente a sus expectativas y eso era más que suficiente: tenía independencia y libertad, sin obispos y sin la provincia francesa de Saboya. Ahora bien, Calvino quería otra cosa. Las miradas de los ginebrinos volteaban hacia la catedral y el lago Léman, mientras que Calvino miraba hacia Francia y Europa.

El programa que el reformador dejó entrever y encarnó —sin enunciarlo explícitamente— consistió en que Ginebra no debería de contentarse con ser una ciudad reformada más, una entre otras, pues debía convertirse en un ejemplo de vida y de fe evangélica en la escena internacional. Mientras que la Iglesia romana abrió su Concilio de Trento para oponerse a la Reforma Protestante, que los soberanos de Francia y de España destruyeron toda forma de la fe evangélica en sus países, que los jesuitas iniciaron su política de reconquista de Europa para regresarla al catolicismo, ¿Ginebra puede —pregunta Calvino— esconderse detrás de sus murallas —por cierto, incompletas— para salvar su libertad y cerrar los ojos sobre lo que pasa en el mundo?

La respuesta no tenía ninguna duda —para él—, sin embargo, los ginebrinos constataron con sus propios ojos la consecuencia inmediata de este programa: la llegada masiva de inmigrantes a la ciudad. En cierta medida, éstos constituyeron un factor positivo, porque compensaron la partida de los saboyanos y proporcionaron una contribución económica, pero también provocaron el surgimiento de una masa nada despreciable de problemas sociales. Eso es lo que resumió, en pocas palabras, este ginebrino de viejo abolengo que exclamó —en el albergue, por supuesto—: "Yo, a estos franceses los pondría a todos en un barco y los regresaría a su casa". Se refería a la casa río abajo del Ródano, lejos de Ginebra. Incluso el ministro Calvino podría ser regresado a su casa, si los magistrados no hubieran sabido bien que era demasiado valioso para la vida de Ginebra.

No solamente artesanos, sino personas de todas las condiciones sociales, buscaron naturalmente refugio en Ginebra. Muchos intelectuales fueron atraídos por la idea de poder finalmente expresarse sin el control de la Inquisición. Intervinieron en la vida local, suscitaron debates y difundieron sus ideas aunque no siempre se alinearan con la predicación de la Venerable Compañía. Desde estos medios surgió una oposición de carácter cultural que alimentó una segunda forma de conflicto, de orden verdaderamente teológico. La primera manifestación importante fue la de Sebastián Castelio. Humanista alertado y cultivado, vuelto reformado al contacto con Farel, Castelio fue recibido en Ginebra, donde se le confió la dirección del Colegio de Rive, escuela municipal que cubría los grados de la educación elemental y media. Era un pedagogo competente, buen conocedor de su materia.

Después de cierto tiempo, sin embargo, Castelio pidió que lo ordenasen como pastor. El Consejo, que lo tenía en alta estima, no puso objeciones. Pero Calvino se opuso. Castelio tenía, en realidad, opiniones heterodoxas en cuanto al valor espiritual del *Cantar de los Cantares*: desde su punto de vista era un libro profano, incluido equivocadamente en la Biblia. También emitió algunas reservas en cuanto a la manera en que Calvino explica el descenso de Jesús a los infiernos en su catecismo. Vistas con nuestros ojos modernos, éstas eran cuestiones totalmente secundarias. Pero no fue esa la opinión de Calvino porque las objeciones de Castelio revestían, en efecto, un carácter general, de tipo metodológico: ponían en duda el valor normativo de la Sagrada Escritura, su autoridad.

Convocado a comparecer ante la Compañía, Castellion mantuvo su postulación al pastorado, aunque también sus puntos de vista y, después del juicio negativo de los pastores, decidió retirarse a Basilea, donde terminó sus días rodeado del respeto y de la estima de todos. Más que por este asunto de incomprensión, su nombre permanece ligado a la Ginebra calviniana a causa de su intervención, al criticar fuertemente la condena de Servet a la hoguera. En el caso de Jérome Bolsec, el interés va menos a la persona que al problema planteado: la predestinación. Monje y luego médico, Bolsec llegó a Ginebra, donde ejerció esta segunda profesión al atender personalmente a Laurent de Normandía, personalidad de primer plano y amigo de Calvino. Conforme al espíritu del tiempo, se interesó en las cuestiones teológicas y la que más le atrajo y la que más suscitó sus reservas fue la predestinación.

Bolsec era de la opinión de que esta doctrina hace de Dios un tirano, una divinidad pagana colocada al lado opuesto del mensaje evangélico, y que incluso hace de él el autor del pecado porque, al destinar a la condenación al ser humano por su único pecado, Dios se hace responsable no solamente de su condenación, sino también de su falta. Estas tesis, sostenidas durante una "congregación", es decir, la reunión semanal de la Compañía, provocaron evidentemente una viva polémica, el contrataque de Calvino y un proceso al término del cual Bolsec fue condenado al exilio. El debate incitó a Calvino a redactar un documento, firmado enseguida por los pastores y destinado a clarificar el problema. Se estima, generalmente, que esta doctrina constituye el núcleo mismo de la teología calviniana. Dicho de otro modo, que Calvino sería *el* teólogo de la predestinación. En realidad, no se puede decir que la predestinación sea la "doctrina fundamental" de la religión cristiana, tal como la definió Calvino, ni desde el punto de vista cuantitativo —sobre los 24 capítulos de la *Institución*, ella no aparece más que en tres o, lo que es lo mismo, 30 páginas sobre 360—, ni en el plano cualitativo.

No se trata de una doctrina especulativa, que defina a Dios presentándolo como una realidad omnipotente y misteriosa, que domina el mundo y la humanidad, una especie de poder absoluto, el destino personificado al que hay que someterse, como lo enseña el Islam. Para Calvino, como para el apóstol Pablo, se trataba de un mensaje de gracia, a instancias de la justificación por la fe redescubierta y predicada por Lutero. La gracia es un don absoluto de Dios y la salvación está garantizada a los creyentes, independientemente de sus obras. Se ha dicho que se trataba de una doctrina incomprensible en términos de racionalidad, pero ella es de una rara inteligencia y está anclada en el plano psicológico. Hace voltear menos la mirada de los creyentes sobre los designios eternos que hacia su presente y responde a las exigencias de su vida.

No es casualidad que la predestinación surgiera en épocas de grandes confrontaciones teológicas, de opciones radicales: la polémica Agustín-Pelagio en el siglo IV; la oposición entre arminianos y calvinistas en el siglo XVII; y la de Calvino al humanismo de Erasmo. La predestinación no es la base de un sistema conceptual sino la coronación de una identidad, de una percepción de la fe, de una conciencia de su existencia en el mundo. "Porque, ¿qué cosa conviene mejor a la fe que de reconocernos desnudos de toda virtud para ser vestidos por Dios? ¿Vacíos de todo bien, para ser empleados por Él? ¿Siervos del pecado, para ser liberados de él? ¿Ciegos, para ser iluminados? ¿Cojos, para ser enderezados por Él? ¿Débiles, para ser sostenidos por Él? ¿De suprimirnos de toda materia de gloria, a fin que Él sea el único glorificado, y nosotros en Él?".[5] Si se hace una reserva crítica con respecto a Calvino, es de dejar llevarse, en ocasiones, por su formación jurídica cuando quiere definir y precisar minuciosamente su doctrina. Su pensamiento es, por el contrario, mucho menos rígido y esquemático cuando estudia los pasajes bíblicos en sus conferencias y predicaciones.

¿El siglo XVI en un año? 1549

Si se busca en este periodo un milésimo que refleje la situación de manera inmediata, la selección se hará casi obligatoriamente sobre el año 1549. En el plano internacional, en particular, se encuentra una Alemania hundida en la confusión total: Lutero había muerto tres años antes y nadie se encontraba a su altura para reemplazarlo; la Reforma parecía haber entrado en una crisis que podría serle fatal. Derrotados por Carlos V en la batalla de Mühlberg (1547), los príncipes protestantes fueron forzados a aceptar —mejor valdría decir sufrir— un decreto imperial que congelaba la situación en espera del Concilio; intitulado por esta razón el *Interim* de Augsburgo, en realidad anulaba casi todas las reformas realizadas hasta entonces. En Francia, la represión católica se reanudó con virulencia guiada por el partido de los Guise, papistas fanáticos. Las hogueras se multiplicaron, el tribunal llamado "de la cámara ardiente" pronunciaba condena tras condena. Cinco años antes, en 1545, los valdenses de Provenza habían sido víctimas de una masacre que había suscitado la indignación de la Europa protestante. Caída en manos de los imperiales, Estrasburgo había sido devuelta a la tradición. Todos los reformadores se habían exiliado y Bucero había encontrado refugio en Inglaterra.

El único país que se quedó firmemente anclado en su fe reformada fue la pequeña Suiza, pero ¿qué hubiera podido hacer ella en contra de una coalición europea? En el plano personal, Calvino fue golpeado por la muerte de su esposa, quien falleció después de una larga agonía.

[5] Juan Calvino, "Epître à Francois Ier", en *Institution chrétienne*. Ginebra, Labor et Fides, 1955, vol. 1, p. XXIV.

Idelette de Bure —de quien la historia no se ocupa, porque la atención se centra solamente en su esposo— lo había acompañado fielmente y había compartido con él las penas y las molestias de esos años. Ella había visto morir a su niño en la cuna[6] y se quedó sola a compartir con un hombre —con exceso de trabajo y ya enfermo de la incertitud del mañana—, en un clima caliente hasta la incandescencia. Con una fría retención, Calvino comunicó la noticia a Farel en su estilo habitual, sobrio y reservado: "Devoro mi dolor de tal manera que no he interrumpido mis funciones".[7] En realidad, esta muerte representó para él una experiencia más grave de lo que dicen estas líneas.

En esta atmósfera de temor y de angustia por la causa del protestantismo, Calvino no pudo hacer otra cosa que predicar, enseñar, escribir, y a eso se dedicó incansablemente. Una de sus mejores obras polémicas es precisamente la denuncia de este *interim*, firmado desafortunadamente por casi todos los luteranos: se trata de una capitulación dolorosa frente al poder. Refutando párrafo por párrafo, Calvino demostró la imposibilidad de conciliar la fe en Jesucristo, fundada sobre la gracia, y el papismo, fundado sobre los méritos y la tradición. Pero, en esta época, también se dibujó otra faceta de nuestro hombre: la de la paciencia y de la diplomacia. El Calvino habitualmente presentado de una sola pieza, autoritario e intransigente, tuvo, en realidad, una paciencia infinita cuando la verdad doctrinal no estaba en juego. Desde este punto de vista, una situación fue particularmente reveladora: la de las relaciones ecuménicas.

Ya se ha hablado del lazo de amistad auténtico que lo une a Melanchton —¿otra figura paternal?—, personalidad profundamente diferente de la suya e inclinado al compromiso, como se pudo apreciar en el caso del *Interim* imperial, que firma. El interés de Calvino por el teólogo luterano fue, sin embargo, más allá de la simpatía personal: buscó un entendimiento con el mundo luterano para realizar un frente evangélico común, opuesto al catolicismo. Sin embargo, se trató de un proyecto irrealizable, vistos los diferendos entre luteranos y los suizos a propósito de la Santa Cena. Los primeros afirman el carácter real, físico, de la presencia de Cristo en el pan, y los segundos su carácter figurado. Es con los últimos que Calvino abre el diálogo. Su interlocutor privilegiado sería el primer pastor (*antistas*) de Zúrich, Heinrich Bullinger. Personalidad de primer plano, este suizo fue llamado a los 24 años para suceder a Zwinglio, muerto en el campo de batalla, y a tomar las riendas de la Reforma suiza, tarea a la que se abocó con

---

[6]   Algunos historiadores hablan de dos niños.
[7]   *Œuvres complètes*, XIII, p. 229.

una gran inteligencia y un sentido agudo de la organización y de las relaciones. Si Ginebra fue el centro de los estudios del protestantismo reformado, Zurich lo fue del centro de operaciones. Fue hacia Zúrich más que hacia Ginebra que se dirigieron los teólogos, iglesias o pastores de toda Europa para buscar consejo, ayuda y orientación.

Sin sus relaciones con Zúrich, los soldados berneses y los préstamos de Basilea, Ginebra no hubiera podido sobrevivir. Calvino está bien consciente, pero sus relaciones con estos medios, y en particular con Bullinger, no fueron dictadas únicamente por motivos políticos; hay también importantes factores eclesiológicos, así como un lazo de amistad profundo y respetuoso. Pero ni los teólogos suizos, ni el *antista* Bullinger eran personalidades fáciles. A ellos no les gustaba la doctrina de la predestinación que Calvino seguía predicando en Ginebra, y sobre la cuestión de la Santa Cena, eran de una susceptibilidad casi enfermiza, porque veían el catolicismo por todas partes, no solamente en Roma, sino también entre los luteranos. Calvino mismo les pareció sospechoso ya que utilizaba los mismos términos considerados ambiguos cuando hablaba de una verdadera presencia de Cristo.

Con paciencia, una nutrida correspondencia, viajes fatigosos a Zúrich e interminables discusiones, Calvino logró poner al punto, después de un largo trabajo de ajustes y de correcciones, un documento firmado en 1549, el *Consensus Tigurinus* o Acuerdo de Zúrich, que constituiría la plataforma del conjunto del mundo reformado en materia eucarística. Una lectura atenta de estos documentos muestra que, en la perspectiva de un acuerdo ecuménico, que él consideraba esencial, Calvino cedió mucho más en el problema eucarístico que lo que se hubiera esperado de un personaje como él.

"Libertarios", no "libertinos"

La tercera forma —mucho más consistente— de conflicto es de orden cultural y político. Aquí, los oponentes son habitualmente llamados "libertinos". En el vocabulario actual, el libertinaje está asociado a la inmoralidad; pero en el siglo XVI y, a continuación, en el siglo XVII, donde el término será largamente difundido, tiene otro fondo. Se trata de una actitud mucho más compleja, que expresa, sin prejuicios ni conformismos; nociones relacionadas con el comportamiento más que con el pensamiento. Más que de faldas, los libertinos estaban ávidos de nuevas ideas que se salieran de los lugares comunes. El móvil de su búsqueda era la curiosidad intelectual —con una dosis de anticlericalismo—. En el fondo eran libres pensadores, más cercanos a Rabelais que a Don Juan.

En Ginebra, los adeptos de esta filosofía, que se debería de calificar probablemente de "libertaria" más que de "libertina", pertenecían a la burguesía, es decir, el medio más visto en la ciudad. En un tiempo fueron decididos partidarios de Calvino, en el nombre de la libertad de Ginebra. Sin embargo, pasaron a la oposición para defender esta misma libertad. Entre ellos se encuentra Berthelier, hijo del capitán del pueblo muerto como mártir en 1519. También están los Favre, antigua familia de patriotas y de mercaderes; y Ami Perrin, capitán del pueblo, joven hombre un poco fanfarrón, amante de las fiestas y de los cortejos, pero no desprovisto de inteligencia y quien es el más representativo del grupo. Por esta razón, sería más exacto hablar de los "perrinistas", más que de "libertinos".

El conflicto entre Calvino y estos oponentes no fue de naturaleza ideológica, sino práctica. Ese conflicto se desenreda en el espacio de algunos años, dando lugar a un asunto rico en golpes de teatro y en suspenso. El choque comenzó entre el Consistorio y los Favre. El padre tenía una conducta inmoral, su hija Francisca iba a bailar al territorio de Berna. Gaspard, el hijo, jugaba a los bolos durante el sermón. Convocados y amonestados, los Favre no cedieron y se mostraban arrogantes; Francisca desafió a Calvino en presencia del Consistorio y lo trató de "hombre malvado", a quien le predijo su expulsión de Ginebra. Calvino replicó no haber regresado en busca de tranquilidad o de ganancias; sino solamente por el bien de la iglesia y de la ciudad, y que no le costará nada tener que irse.

Eso sucedió en 1545. En 1547 se produjo el incidente dicho de los "mercenarios". Enviado en diputación a París para la coronación de Enrique II, Amin Perrin habría prometido, según una fuente de información segura, enrolar 400 caballeros ginebrinos para el rey de Francia. La acusación era gravísima: ¿un magistrado puede disponer de la libertad de la República como si fuese un soberano? Previendo lo peor, Perrin se refugió en Berna; sería amnistiado poco tiempo después gracias a la intervención de Berna. Aunque insignificante, el asunto Gruet que estalló entonces revela la fuerte tensión que reina en la ciudad. Original, amante de la literatura y poeta en sus horas perdidas, Gruet fue sospechoso de ser el autor de un manifiesto pegado en la iglesia en el que se insultaba a Calvino. El acusado lo niega, pero en su casa se encontraron textos considerados comprometedores; eran bagatelas donde se lamentaba con sus amigos de la situación de la ciudad. Juzgado, lo decapitaron por traición.

En 1553, el partido anticalviniano de los "libertinos" y de los "perrinistas" ganó las elecciones. Sobre unos puntos, la nueva orientación política se hizo sentir muy pronto, sobre todo en cuanto a la presencia de los refugiados: en una visión de autonomía cerrada, aislacionista, de la República, era perfectamente lógico que surgiera una actitud si no xenófoba, al menos muy crítica en relación con la inmigración. El otorgamiento de la ciudadanía, de la "burguesía", cesó casi completamente y se prohibió circular con armas en la ciudad.[8] La actitud del nuevo gobierno también cambió con respecto al Consistorio. Hasta ese momento, las tensiones no habían faltado sobre cuestiones de principios, pero el Consistorio podía ejercer su actividad sin demasiados conflictos e incluso podía pronunciar excomuniones.

Sobre este punto se reabrió el conflicto con Calvino, dado que el gobierno reivindicó la competencia del poder civil en materia de excomunión. La cuestión alcanzó una gravedad inesperada cuando Berthelier, uno de los miembros más influyentes del Consejo, fue excomulgado por el Consistorio por causa de inmoralidad. Apeló la decisión y obtuvo del Consejo la revocación de su culpa y el derecho de participar en la comunión. Parece evidente que este recurso tenía un carácter más político que religioso, pero el desafío al sistema calviniano fue patente. En la iglesia, llena de gente, donde todos los miembros de los Consejos municipales y los alcaldes se alineaban en las bancas, en una atmósfera que recordaba la del domingo de Pascua de 1538, Calvino se colocó delante de la mesa de comunión y, con una voz desacostumbradamente vigorosa, desafió a toda persona afectada por una excomunión, a que se acercase. Es en este clima de tensión, de incertidumbre, de soledad del reformador, fue que estalla el trágico caso de Miguel Servet.

Miguel Servet: un error del tiempo

Arrestado a la salida del culto dominical el 13 de agosto de 1554, Miguel Servet, que un grabado de la época nos presenta como un personaje distinguido y pensativo, fue ciertamente uno de los intelectuales más fascinantes de este siglo, por tanto rico en personalidades de excepción. Nacido en Villanueva (España) en 1511, estudió derecho en Toulouse; adquirió una rica experiencia en la corte de España, en el transcurso de viajes, en el contacto con los reformadores y publicó a los 26 años un

---

[8] Se sabe que, en esa época, todo hombre libre se desplazaba siempre armado, fuese con una espada o con un puñal.

tratado sobre los errores de la Trinidad, que lo da a conocer en los medios culturales, pero naturalmente también ante la Inquisición.

Refugiado en París, bajo un nombre falso, tuvo que fugarse después del escándalo de los carteles (1534) y se instaló en Lyon, donde trabajó en una imprenta. Reapareció en París para consagrarse al estudio de la medicina y de la farmacia, donde se convirtió rápidamente en un sabio excepcional (se le debe el estudio sistemático de la circulación pulmonar de la sangre). Servet se entregó también a la geografía y a la astrología. En 1540, bajo el nombre de Michel de Villeneuve, se instaló en Viena, en el Dauphiné, donde ejerció la medicina y se dedicó a la edición. Prosiguiendo con su reflexión teológica, no resistió la tentación de exponer sus nuevas teorías sobre la fe cristiana y publicó en Lyon su *Christianismi Restitutio* (Restitución del cristianismo) —bajo seudónimo, naturalmente—. Un editor lyonense lo puso en contacto con Calvino, a quien le escribió varias cartas y le envió un ejemplar de su libro, además de un ejemplar de la *Institución* con sus anotaciones. Sin embargo, el reformador no respondió ni sus envíos, ni mensajes.

Los que descubrieron su verdadera identidad y provocaron su arresto, por parte de la Inquisición, fueron unos ginebrinos que revelaron su presencia a sus parientes establecidos en Viena y quienes, gracias también a las cartas escritas por Calvino, proporcionan la documentación para el proceso, el cual se anunciaba largo y complejo. Pero antes de que llegase la condena inevitable, Servet se fugó. Es difícil decir con qué intención llegó a Ginebra. ¿Esperaba entrar en el juego de la oposición con la ayuda de los "libertinos" y de los "perrinistas"? ¿Estimaba que podría convencer a Calvino acerca de sus teorías? ¿Pensaba estar en la clandestinidad durante algún tiempo? Para un personaje tan sospechoso, mostrarse en público constituyó de todas maneras un error imperdonable.

La acusación lanzada contra Servet por los magistrados ginebrinos —que es la misma de los inquisidores católicos— fue particularmente grave: se trata de la negación de la Trinidad y de la divinidad de Cristo; en suma, los problemas más complejos de la religión cristiana y los temas más discutidos en la historia de la teología. A este respecto, el pensamiento de Servet no está perfectamente claro. Su discurso no siempre es riguroso, pero es incontestable que Servet no acepta la formulación tradicional de la doctrina. En el siglo XVI la Trinidad no es solamente una doctrina, un elemento de la fe cristiana. Es el dogma central, la verdad fundamental de la identidad cristiana, ella delimita la frontera entre el cristiano, por una parte; y el Judío y el Turco, por la otra. Estos últimos creen también en Dios, pero no en el Dios encarnado en Jesucristo, y subsecuentemente, su divinidad es una sombra, un fantasma. Negar la divinidad de Cristo y, en consecuencia, la Trinidad, de la cual es El la segunda persona como el Hijo; significa negar a Dios mismo, eso es hacer profesión de ateísmo.

En la sociedad de la época, sin embargo, el ateo no es solamente un individuo que rechaza el dogma fundamental de la fe cristiana —hecho ya grave en si a causa de la imbricación de la religión y de la vida social en la sociedad cristiana—. Era algo más profundo. El ateo rechaza así el fundamento mismo de la realidad y constituye una amenaza para la vida colectiva. Platón lo había declarado muy claramente al bosquejar su proyecto de república. Justiniano lo había profesado en sus leyes: sin Dios —que se lo conciba como creador o como alma del mundo, poco importa—, el universo no tiene fundamento, él no puede subsistir y, del mismo modo, la colectividad humana tampoco puede existir.

Servet, el herético, representaba en consecuencia una amenaza donde quiera que residiera, fuera en tierra católica o protestante. Sin embargo, establecer quién era él —es decir, que negaba la Trinidad—, no fue una empresa fácil. Los magistrados ginebrinos, a quienes les incumbe instruir la causa, proceden a interrogatorios extenuantes durante toda la segunda mitad del mes de agosto, sin lograr disipar la duda. Pero sin comprender tampoco lo que piensa verdaderamente este extraño individuo, de memoria infalible y argumentos irresistibles, que confundía a los que creían haber comprendido todo, citando a los Padres de la Iglesia y dando su interpretación personal de los pasajes bíblicos. Al término de una jornada particularmente agotadora, el pobre secretario se declara vencido: ¡imposible resumir discursos tan confusos y problemas tan enredados! Se pide a Calvino que intervenga. La tarea del teólogo, servidor de los magistrados, fue muy precisa: era un experto. En el proceso instruido por el Consejo municipal, funcionó como consultor. Como se trataba de un problema teológico, Calvino debía establecer, en su calidad de especialista, si el lenguaje ambiguo, oscuro, del acusado; en sus circunlocuciones, ocultaba un pensador cristiano o uno herético.

El debate dura mucho tiempo sin que los dos hombres sean capaces de entenderse o, al menos, de convencerse del error. Es un debate trágico en el que se jugó el destino de un hombre. El Consejo termina por redactar al uno y al otro un resumen de sus opiniones sobre los puntos controvertidos y todo lo envía a las iglesias suizas para que estas den su opinión. El mes de septiembre pasó. En su prisión, Servet esperó a que decidieran su destino. Permanece extrañamente optimista, casi estuviera convencido

de poder desenmascarar los errores de Calvino a los ojos de los ginebrinos. Las respuestas de las Iglesias suizas llegaron a principios de octubre y
aprueban unánimemente —¿cómo podría ser de otra manera?— la acción
del Consejo de Ginebra y su intención de neutralizar una amenaza tan terrible y pestilente para la cristiandad. El 26 de octubre, Miguel Servet fue
condenado a la hoguera por unanimidad y en vano Calvino pidió que la
sentencia fuera ejecutada de la manera menos sangrienta; al día siguiente,
el español fue quemado sobre la colina de Champel. Sus últimas palabras
fueron un grito: «¡Jesús, Hijo del Dios eterno, ten piedad de mí!».

Mucho se ha escrito sobre este asunto, tanto por la notoriedad del
acusado, como por el hecho de que se produjo en Ginebra y que está vin-
culado a la figura de Calvino. Se ha querido ver en Servet una víctima, es
decir, un símbolo del despotismo calviniano, como si se tratara de un ene-
migo personal eliminado por el apetito de poder. El reformador no tenía
ciertamente la menor duda en cuanto a la necesidad de extirpar la herejía,
ni de salvar a Servet; él debía solamente establecer si el español negaba,
poco o mucho, los dogmas fundamentales de la fe. Pero está bien claro
que la Ginebra calvinista envió a Servet a la hoguera.

Preguntar si los magistrados ginebrinos se comportaron bien o mal
al pronunciar esta sentencia está fuera de lugar. Ellos actuaron de acuerdo
con las leyes de las que disponían, con la responsabilidad de proteger la
religión y, más aún, la identidad de su ciudad. También está fuera de lugar ver en esta hoguera una mancha indeleble para la Iglesia de Ginebra
y para su testimonio, aplicando como criterios las categorías de nuestra
cultura como la libertad de pensamiento o la tolerancia. El error —si se
puede hablar de errores cuando se evalúan los hechos de ayer con la óptica del presente—, está en otro lado y tiene que ver con el concepto mismo
de la Europa cristiana que prevalecía entonces sobre todo el continente, es
decir, con la idea de que una ciudad o una nación pueda ser llamada cristiana y ser preservada como tal por la ley. Como todos los otros mártires
de su época, fue de este error que Servet resultó víctima.

Se trató claramente de un error del tiempo, y es sorprendente que
esta única sentencia capital pronunciada en el tiempo de Calvino por un
delito ideológico continúe levantando tanta emoción y sea utilizada por
los polemistas para demoler la Reforma ginebrina. Y esto en una época
que vio también otras masacres: la de los anabautistas de Thomas Münt-
zer por las tropas episcopales, la de los miles y miles de valdenses en Provenza, sin hablar de las decenas de hogueras —¡sin procesos!—, en París, en Meaux o en Londres bajo María Tudor. Para permanecer en tierra

suiza, nadie se acuerda del caso de Valentino Gentile, decapitado en Berna por sus posiciones anti-trinitarias, él también, después de haber suscitado polémicas en la comunidad italiana de Ginebra y de haber errado por toda Europa.

Si las instituciones de los cantones reformados emiten —como se ha visto—avisos favorables a la condenación, las opiniones divergentes no faltaron. El canciller de Berna, Nikolaus Zurkinden, expresó su desacuerdo a Calvino: recurrir a la espada en materia de fe no era convincente. Una intervención mucho más radical es la de Martinus Bellius en su tratado *De heareticis, an sint persequendi* (¿Hay que castigar a los herejes?), colección de testimonios —desde los Padres de la Iglesia hasta Erasmo e incluso Lutero—, de donde surge claramente que una tradición cristiana sólida se opone al uso de la fuerza en materia religiosa. El seudónimo es demasiado transparente y es también evidente que el texto es obra de Castelio. Calvino se sintió obligado a responder inmediatamente en el plano teológico con un pequeño tratado sobre la Trinidad en el que justifica el comportamiento de Ginebra. Sobre los planos cultural y político, el contra-ataque emanó, por el contrario, de Teodoro de Bèza, quien enseñaba entonces en Lausana; el tratado aparece el mismo año (1554) y será traducido en 1560 con el título *Traité de l'authorité du magistrat en la punition des hérétiques et du moyen d'y proceder.* El magistrado, afirma Beza, tiene la autoridad y el deber de castigar al hereje. Es así que alrededor de esta hoguera y de Ginebra se abrió el debate apasionado que conduciría finalmente a la tolerancia, después de un recorrido agotador sembrado de obstáculos.

CAPÍTULO 6
La nueva Ginebra

Hombres nuevos

La ejecución de Servet en la hoguera, sobrevenida en el punto culminante de las confrontaciones entre los "libertinos" y el reformador, no marcó paradójicamente la derrota de este último, sino más bien su victoria. Con esta sentencia rigurosa —es decir, despiadada, desde nuestro punto de vista—, los magistrados ginebrinos manifestaron claramente a la cristiandad europea, tanto católica como protestante, su voluntad de ser una república capaz de defender la fe contra la herejía, una ciudad incorruptible. La consecuencia fue que, incluso sin tener la menor relación con Servet, el partido de los "perrinistas" entra en crisis y se desintegra después de una serie de eventos relacionados con la vida política de la ciudad y su dinámica interna. Ciertos de sus miembros fueron condenados por traición, otros exiliados después de un tumulto nocturno, en el transcurso del que algunos magistrados fueron insultados y golpeados; otros magistrados, por el contrario, se retiraron voluntariamente de la escena política. Las elecciones de 1554 sancionan la victoria de la línea calviniana.

La nueva Ginebra volteada hacia el futuro no fue el trabajo de construcción que Calvino había encontrado 20 años antes, con los soldados berneses acampando bajo sus murallas y los ciudadanos en perpetua agitación. En la pequeña ciudad, sin embargo, se respiraba un aire nuevo. Una impresión de lo provisorio reinaba siempre, porque las guerras continuaban en diversos frentes europeos y porque la situación puede volverse dramática, de un día al otro; pero la ciudad, bien fortalecida en cuanto a su identidad, estaba lista para afrontar todos los riesgos. No era solamente un refugio donde encontrar vivienda, trabajo y una comunidad reformada; era también un centro de operaciones donde se planificaba el progreso de la Reforma, donde se preparaban los hombres que formarían mañana las comunidades reformadas de toda Europa. Ginebra no exportaba solamente libros, sino también hombres. Y se quedaban John Knox, sacerdote escocés heroico, quien introduciría la Reforma en su país; Jan Laski, noble polaco quien encabezaría el movimiento reformado en Polonia; Gian Luigi Pascale, joven habitante de Cuneo, muerto como mártir en Roma; y Guy de Bray, quien redactaría la confesión de fe de la Iglesia flamenca.

Todos estos jóvenes eran alumnos de Calvino y seguían regularmente sus sermones, pero, sobre todo, sus lecciones de teología. Estos son, en realidad, los años en los que Calvino dio lo mejor de sí mismo y realizó lo que incontestablemente era una vocación de profesor en la pequeña iglesia de Nuestra Señora, situada al lado de la catedral y transformada en sala de conferencias.[9] Si se busca de nuevo una fecha que resuma la imagen de la nueva Ginebra, no se puede escoger más que 1559, que representó un cambio de dirección no solo de la historia europea, sino también de la vida de la pequeña república. Poniendo fin a las guerras de Italia, la Paz de Cateau-Cambrésis firmada por Enrique II y Felipe II marcó no solamente el fin de una época, sino que abrió otra: retirándose de Italia, que cayó bajo la dominación española, Francia puso fin a la política internacional lanzada por Carlos VIII. En el plano confesional, comenzó la acción militante de la Contrarreforma.

En el concilio de Trento, los jesuitas y el papa adoptaron desde ese entonces la intransigencia y pusieron fin a toda esperanza de diálogo con los disidentes. En Inglaterra, María Tudor restauró ardorosamente el catolicismo y fue imitada por los soberanos de Francia y España, que decidieron unir sus fuerzas para extirpar la herejía de sus Estados. El primero emprendió la recuperación de Flandes a la "verdadera fe" por la violencia; y el segundo inauguró en junio una sesión de hogueras por el edicto de Ecouen (Francia). Para Ginebra, 1559 fue una fecha funesta porque marcó el comienzo de un sitio que duraría más de un siglo. El duque de Saboya, Emmanuel Filiberto, había entrado en posesión de sus estados. Vecina siempre temida, Saboya había sido mantenida a distancia gracias al hecho de que Berna había enclavado a la ciudad Ginebra entre sus posesiones no dominando solamente la orilla norte del Lago Lemán, sino también su costa sur.

Ahora bien, todo hacía prever que los duques de Saboya intentarían recuperar sus tierras. El futuro era sombrío y amenazante para la Ginebra calviniana, pero la ciudad lo afrontó con su virilidad acostumbrada y la

---

[9] Hoy es el Oratorio de Calvino, donde se tienen los cultos de varias comunidades (inglesa, italiana, húngara, española).

sobriedad de su carácter reformado respondiendo al desafío de la Contra-rreforma con proyectos —desmedidos en relación con su tamaño— de los que, el primero, consistió en conquistar el reino de Francia.

La ofensiva calviniana en Francia

La perspectiva europea en la que se situó la Ginebra calviniana, como se ha visto, no impedía en realidad a Calvino ni a los suyos conser-var una relación privilegiada con Francia, por razones afectivas, de vecin-dad y de afinidad cultural. Desde que había dejado el reino galo en 1535, el reformador había seguido la expansión progresiva de los evangélicos o, como se decía entonces, los "luteranos" o los "descarrilados de la fe"[10] que continuaban causando graves preocupaciones a su soberano. Durante unos veinte años, bajo Francisco I, Francia había conocido una alternancia de edictos represivos y de treguas dictada por la política internacional y el sostén que los príncipes alemanes le proporcionaban en su conflicto con Carlos V. A pesar de las condenas y las hogueras, el movimiento se ex-pandió a pesar de todo, progresivamente, alimentado por la literatura reli-giosa proveniente de Ginebra gracias a los colportores y a las librerías; un factor fundamental de la difusión de las nuevas ideas fue la *Institución* de Calvino de 1541. Esta implantación religiosa era de carácter informal: se trataba de pequeños grupos de creyentes que se reunían espontáneamente para leer la Biblia y compartir sus experiencias, "pequeñas personas", para retomar la expresión de esa época. Personas que pertenecían mayoritaria-mente al mundo de los artesanos, de los obreros —como los tejedores de Meaux— o de la pequeña burguesía. Como símbolos de este *evangelis-mo* clandestino, mencionemos a los valdenses de Luberon, masacrados en 1545 o los cinco estudiantes de Lyon enviados a la hoguera en 1552. Esta Iglesia, que Calvino siguió con amor y cuidado en su correspondencia, fue, desde su punto de vista, ejemplar, dado que eran comunidades como las de los primeros tiempos de la cristiandad: vivían la Palabra en la sim-plicidad de la fe y afrontaron el martirio con valentía.

En 1555 se produjo un cambio de dirección radical: la Compañía de pastores tomó la decisión de dar a este movimiento evangélico francés una organización bajo el modelo ginebrino y acordó enviar predicadores altamente calificados. Un primer intento se lanzó en la primavera en el

---

[10] En el original francés del siglo XVI está escrito *mal sentants de la foi,* que literalmente quiere decir: "un mal presentimiento acerca de la fe". Así se les llamaba coloquialmente a los sospechosos de herejía.

Dauphiné y en el Piamonte. Su éxito dio lugar a lo que se podría llamar "la ofensiva calviniana en el reino de Francia": los emisarios de Ginebra, personas siempre maduras y experimentadas, atravesaron la frontera, se infiltraron en el país hacia el sur y el centro, predicando incluso en público, aunque con prudencia, y su número no dejó de crecer. Según el testimonio de Colladon, en 1561 había un total de 151 pastores enviados en Francia.

En poco tiempo se creó así una realidad eclesiástica completamente nueva, claramente definida por los términos usados en ese entonces: cuando, en un lugar dado, se encontraba una presencia evangélica informal, se hablaba de Iglesia "plantada" (o "sembrada"), que se convertía en Iglesia "parada" (o "crecida") cuando ella lograba una estructura organizada, cuyos dos pilares eran la predicación pública, ejercida por un ministro[11] que administraba también los sacramentos, así como la puesta en marcha de un consistorio formado por ancianos y diáconos. En 1562, es decir, después de siete años, el número de consistorios llegó a un nivel impresionante: 1785.

La Academia: una institución soñada

Para conducir la ofensiva reformada en Francia, era necesario hacer una inversión en fuerzas y en medios excepcionales. Era inconcebible que solamente Calvino formara a los hombres a la medida de dirigir este proyecto. Hasta entonces, Calvino había formado a innumerables discípulos por su enseñanza y sus escritos, pero aunque era un hombre infatigable y genial... no era más que un solo hombre. Sin embargo, frente a la nueva situación, eran necesarios nuevos instrumentos —es allí que se reveló el segundo proyecto grandioso de la Ginebra calviniana—: crear una estructura académica. La ciudad disponía de un colegio modesto —una escuela secundaria, se diría hoy—, aunque organizado por el gran humanista Sebastian Castellion antes de que rompiera con Calvino y se retirara a Basilea. Se comprende que, desde hacía tiempo, los ginebrinos soñaban con tener una institución donde educar a sus hijos y que estuviera al nivel de las otras ciudades reformadas. Éste fue el sueño que Calvino realizó en 1559. Pero, en la perspectiva de la nueva Ginebra —no la del ayer, sino la del mañana—: el Colegio reestructurado y la nueva Academia no estarían dedicados únicamente al servicio de los ginebrinos sino de toda la causa reformada.

---

[11] No es una casualidad si el término usado en el mundo flamenco (holandés) es *Predikant*.

En el plano formal, es inexacto atribuir esta ofensiva a la ciudad, porque la iniciativa se debe a la Venerable Compañía, es decir, a los medios estrictamente eclesiásticos, a quienes la magistratura le era perfectamente ajena. Pero, ¿estamos verdaderamente seguros? En una pequeña ciudad como Ginebra, que no era más que un pueblo donde todo se sabía, ¿era posible que el Consejo no se enterase de nada? A las protestas de la corte de Francia, se podrá sin embargo responder, en toda buena fe, que la República oficial nunca pensó en meterse en los asuntos del reino, pues la Compañía era una asociación privada de ministros. ¡La diplomacia helvética no nació ayer! El Colegio, que corresponde a nuestros establecimientos secundarios de hoy, no era comparable a las escuelas modernas; allí lo único que se estudiaba eran las lenguas clásicas —aparte del francés, naturalmente—. Fue solamente más tarde que se introdujeron algunas nociones de matemáticas y geografía. El método, los horarios, los programas, eran los que están en uso en el momento: el aprendizaje mnemotécnico, raras eran las vacaciones, las clases comenzaban a las 6 de la mañana, y no faltaban los varazos para los más indisciplinados.

La Academia representó el nivel universitario del proyecto reformado. Expresión de la cultura moderna nacida con el humanismo, ya no fue la *schola* o la *Universitas* medieval; no fue casualidad que tomó el nombre de la institución tenida como símbolo de la cultura clásica, es decir, la Academia de Platón. Las materias eran, pues, las que los humanistas preconizaban para formar la élite de la ciudad, los pastores y los magistrados: lenguas clásicas, teología y derecho. Sólo más tarde se introducirían las disciplinas científicas: medicina, ciencias, matemáticas.

El establecimiento de la Academia —que es indudablemente una de las iniciativas más felices de Calvino—, sin embargo, no es una invención suya. Podía referirse a precedentes célebres: el colegio Sturm en Estrasburgo, el de Nîmes, la Academia de Lausana. Sin embargo, tuvo la suerte de acoger muy pronto a una masa de docentes altamente calificados, que le confirió una reputación inmediata a su *alma mater*.[12] La realización del proyecto se debió en gran parte a la envergadura excepcional del hombre que tomó la dirección: Teodoro de Bèza, letrado, poeta, teólogo, quien sucedería a Calvino después de su muerte, no solamente a la cabeza de la Iglesia ginebrina, sino de todo el calvinismo europeo.

El lazo que se estableció entre la Iglesia de Ginebra y su colegio fue inmediato y siguió siendo muy fuerte. No es casualidad que el único día

---

[12] Literalmente, "madre nutricia" (que alimenta): fórmula habitual para designar a la universidad.

feriado (¡incluso la Navidad no lo es!) era el de la entrega de premios a los mejores alumnos en la Catedral de San Pedro, en presencia de los alcaldes y de los consejos reunidos. La Venerable Compañía tenía como tarea proponer y examinar las candidaturas de los docentes y de controlar las enseñanzas de los profesores. Los chicos eran acompañados regularmente al sermón y terminaban la jornada con oraciones. Todo estaba claramente establecido desde la fundación y, por lo tanto, no se podía más que notar la extraordinaria diferencia entre esta escuela reformada de carácter netamente confesional y los colegios que los jesuitas abrieron en otros sitios de Europa. En lo que relativo a la enseñanza y a los métodos de estudios, la diferencia era casi nula, pero, en términos de mentalidad y de objetivos un abismo los separaba: los jesuitas formaban a la élite, a los que asumirían puestos de responsabilidad, y así regresar Europa al catolicismo. El Colegio educaba un pueblo para enseñarle a vivir. Ginebra habría podido hacer suya esta decisión de los magistrados de Nîmes, que habían votado la construcción de un colegio para dar a todos una instrucción obligatoria y gratuita.

Proyectada para formar a los dirigentes de Ginebra, la Academia conocería, sin embargo, un destino muy diferente: el papel que Ginebra comenzó a desempeñar entonces en el mundo reformado, y el prestigio de Calvino, permitieron que la institución se convirtiese en el centro de referencia del protestantismo europeo que estaba construyéndose paralelamente al bloque luterano. Los nombres de los estudiantes matriculados muestran claramente que Ginebra, desde entonces, comenzó a reemplazar a Wittenberg y que ya se había convertido en el centro de la Reforma en todos los sentidos del término. Hacia allá afluían de toda Europa para formarse aquellos para quienes la búsqueda de la fe iba en el sentido calviniano; venían naturalmente de Francia, aunque también de Holanda, Escocia, Polonia y Hungría. Lo que caracterizó a esta comunidad de estudiantes extranjeros no fue sólo su asistencia a los cursos y su firmeza en la vida, sobre la que no cabe la menor duda, sino el hecho de que, después de los cursos —encabezados por el profesor— ellos asumieron, en su turno, el trabajo físico sobre las fortificaciones.

Ginebra no era una ciudad hermosa, famosa por su universidad, a donde se iba para presentar exámenes. Era la ciudad de todos los reformados de Europa, su capital. Fue la ciudad de John Knox, de Escocia, y de Scipione Lentolo, el napolitano. Fue el hogar del tímido estudiante llegado el día anterior de Transilvania, así como del flamenco que estudiaba allí desde hacía tres años.

Calvino: un gurú *(maître à penser)* a la francesa

Utilizada en nuestros días con una frecuencia probablemente excesiva, la locución francesa *maître à penser* se aplica perfectamente a Calvino. Éste no fue solamente un humanista excepcional que gozaba de un vasto patrimonio cultural puesto a disposición de los alumnos; fue un maestro que les enseñó a leer, a pensar, pues. La obra mayor de este maestro es generalmente reconocida como la *Institutio christianae religionis*, publicada por Estienne en 1559 (siempre y por siempre, 1559) y por Crespin al año siguiente bajo el título *Institution de la religion chrestienne*. Formada poco a poco con el material recogido de polémicas y de debates que se sucedieron en el curso de los años desde la primera edición (1536), la *Institución* es considerada la obra mayor del reformador, la que expresa su pensamiento de manera acabada. Si utilizamos las categorías universitarias modernas, se puede calificar de *dogmática* (es decir, de un tratado que expone el pensamiento y la doctrina cristiana de manera sistemática). En realidad, se trata más bien de una colección temática de datos bíblicos. Todos los hombres de la Reforma están, en efecto, en la primera fila de los intérpretes de la Biblia, como exegetas o biblistas, si se quiere.

Calvino no fue una excepción e, incluso, se puede afirmar que ningún teólogo de su generación lo igualó en relación con la interpretación de los textos bíblicos. Para él también, evidentemente, la inspiración divina de las Escrituras va de sí, es decir, el principio según el cual Dios ha inspirado a los autores de los textos para que ellos comuniquen su mensaje a los humanos. Pero en la idea de Calvino este mensaje fue expresado en términos simples y debe ser leído en la inmediatez de su formulación. Esta observación puede parecer banal; pero en realidad es fuertemente innovadora porque, durante siglos, la exégesis bíblica había sido construida sobre otros criterios. El sistema de interpretación complejo y refinado nacido en la Era Patrística y desarrollado en la Edad Media consideraba, en efecto, que los textos sagrados eran susceptibles de diversos niveles de lectura —literal, simbólico, moral, anagógico—, cada uno con su valor propio. Para Calvino, el humanista, el documento bíblico es un texto escrito y debe ser interpretado como tal; es el receptáculo de un pensamiento, de una idea que se trata de explicitar; contiene un mensaje expresado en términos históricamente definidos, entre los cuales hay que situar a los autores, en su mundo y en su tiempo, para comprenderlos.

Así, la parábola del amo que confía los talentos a sus servidores para que los hagan fructificar había sido objeto de numerosas interpretaciones, respondiendo a igual número de cuestiones. ¿Qué abarca el término "talento": el amor, el perdón, los sacramentos, la fe? ¿Quiénes son los servidores: los sacerdotes, los apóstoles, los creyentes? Cuestiones superfluas, que no están en el texto, responde Calvino. Se trata simplemente de dinero que debe ser utilizado. El sentido de la parábola es muy claro: el Señor nos enseña a fructificar, para los demás, los dones que hemos recibido de Dios. De esta lectura calviniana viene nuestro uso actual del término "talento", en el sentido de facultad personal. Esta profunda innovación en el acercamiento del texto bíblico colocó a Calvino entre los primeros exegetas. Coleccionadas y retrabajadas, sus lecciones constituirían la serie de sus comentarios, ejemplares por su riqueza de pensamiento y lo serio de su método.

Para prolongar la enseñanza, se usó el sermón. Calvino lo utilizó regularmente, en el púlpito; cada domingo, tres días por semana y en la tarde. Su comentario seguía sistemáticamente el texto bíblico, capítulo tras capítulo, y la lectura que se hacía no era diferente del contenido de las lecciones: trata de aplicar el mensaje a su auditorio. Menos poética e imaginada que la de Lutero, su predicación es fascinante a causa del lazo que Calvino logra constantemente tejer, al tiempo que comenta la palabra divina, entre los personajes bíblicos, por un lado; y sus auditores, por el otro. Estos últimos no son figuras abstractas, sino personas concretas, vivas, con las cuales el reformador comparte los miedos, esperanzas, problemas y prejuicios. En el púlpito, el Calvino generalmente cansado, ronco, encorvado por la artrosis, que nos presentan los perfiles tardíos de la época, encontraba un ardor inesperado y una habilidad oratoria insospechada, probablemente porque era allí donde se libraba la batalla de la Reforma tal como la concibía, es decir, como un combate contra los errores del pensamiento y la vanidad de la vida.

Contrariamente a los comentarios de las Escrituras publicados en vida de Calvino, los sermones (unos 4 mil) se quedaron inéditos, salvo algunas excepciones, y no ha sido sino recientemente que han sido objeto de un estudio sistemático que ha permitido reconstruir una imagen mucho más compleja, muy matizada, que toma en cuenta también su humor y su sentido de lo concreto —en el fondo, la de un hombre que conocía bien su rebaño—. Si Calvino conocía bien a sus feligreses bajo el aspecto socioeconómico, es que también los comprendía por ser originario del mismo lugar que ellos. Los problemas de trabajo, de negocios, del intercambio comercial, no figuran en sus tratados, pero aparecen constantemente en sus sermones, porque se trataba de hablar a personas desde su cotidianidad.

Es aquí donde se puede plantear el problema del capitalismo, generalmente asociado al nombre de Calvino. Según la opinión tan extendida, el primero en descubrir este nexo habría sido el sociólogo alemán Max Weber (1864-1920). No estoy seguro de poder examinar aquí y de rechazar correctamente esta tesis, pero se pueden proporcionar algunos elementos para aclarar el problema. Dos precisiones a propósito de Weber: su investigación está mucho más centrada en el puritanismo de finales del siglo XVI y comienzos del XVII que en la Ginebra calvinista. Su interés se centra concretamente en la influencia que la espiritualidad calvinista —y no calviniana— ha ejercido sobre el proceso capitalista en curso. Introducir el capital en el proceso de producción, es decir, invertir el dinero en operaciones comerciales, fue un fenómeno anterior a Calvino. Es una realidad de la que los Médici y los Fugger son muestras elocuentes. En este proceso económico, dice Weber, la Reforma introdujo un elemento nuevo en relación con la tradición medieval, un "espíritu" diferente, de naturaleza ética, que es extremadamente difícil de definir en términos simples. Este comportamiento ético es, de hecho, el fruto de una larga maduración personal y colectiva, y no puede evaluarse más que a largo plazo.

¿Cuáles son los elementos que emergen en la predicación calviniana? El primero, que ya se encuentra en Lutero, es la dignidad del trabajo. Mientras que, en la concepción medieval, la sociedad está dividida en gobernantes, clérigos y trabajadores (los primeros son una necesidad, los últimos, la masa ignorante). Los segundos, sin embargo, son el ideal a alcanzar. Pero, en la visión protestante, la escala social desaparece la jerarquía sacerdotal colapsada. El ideal ya no es el clero, sino *el cristiano*, sea hombre o mujer, que hace su trabajo, quien quiera que sea, para el bien de todos. La madre de familia que educa a su descendencia en la fe, dice Lutero, es igual al duque de Sajonia y al profesor Melanchton. Calvino no es de una opinión diferente, incluso si, en la catedral de San Pedro, no predicaba ante el duque de Sajonia, sino ante los miembros del Consejo, los mercaderes, artesanos o impresores, todos quienes ya tenían un sentimiento de orgullo por su trabajo y sus capacidades. Los ginebrinos no tenían necesidad de que Calvino les dijera lo que debían hacer para administrar fructíferamente su ciudad y gestionar su desarrollo. Más bien esperaban que él, aparte de ayudarlos a reconocer la dignidad de su trabajo, les aumentase su nivel de vida un poco más.

El mundo es un laberinto en el que la vida del creyente corre el riesgo de perderse y esto se debe al reflejo del corazón humano, que es un verdadero laberinto. Sin embargo, el mundo no es un universo de tinieblas: es creación de Dios, de la que nosotros podemos disfrutar y en la que podemos actuar. Calvino es agustino en lo que concierne a la condición humana, que experimenta una tensión entre el pecado y la gracia. Pero

Dios no es solamente el soberano de la Ciudad celestial, lo es también del mundo terrenal. El pesimismo en lo que concierne al ser humano no termina con una visión pesimista del mundo, la vida, lo secular, la ciudad... Visto así, el reformador de Ginebra se colocó entre los espíritus más positivos de su siglo: para él, la vida en el mundo está pletórica de sentido, incluso si no es bella.

Hay que mencionar aquí, aunque de manera breve, el préstamo con intereses, que tampoco es un invento de Calvino, pues siempre existió. Bien que no sea fácil establecer un lazo entre él y la usura, la Iglesia siempre dudó fuertemente en abordar el tema, fuese por causa de su cultura aristotélica —el dinero, un objeto muerto, no puede dar la vida o producir otra cosa—, o por el rigor de las referencias bíblicas. Cuando comenta los textos de orden jurídico del Antiguo Testamento, en particular del Deuteronomio, Calvino los sitúa en su contexto, mostrando que se trata de normas ligadas a una sociedad rural de tipo arcaico, que no pueden aplicarse literalmente a una sociedad urbana: hay que recoger y valorar el mensaje, el de una solidaridad fraternal, el de la equidad en las relaciones.

Antes que admitir una intervención explícita en la problemática social, es decir, una acción directa por parte de Calvino sobre las estructuras sociales que se elaboraron en la época en Ginebra, hay que buscar una influencia indirecta. Se comprenderá mejor su obra al interpretarla como una toma de posición —inconsciente, pero no por ello menos real— en favor de los valores —que él comparte—de la sociedad burguesa: parsimonia, celo, trabajo, compromiso, sobriedad. Se apreciará su fuerza al compararlos con los valores que proponía hasta entonces la sociedad feudal: lujo, desperdicio, ociosidad, rescatados espiritualmente por la limosna. Vaya contrariedad: ¡bajo el umbral de las iglesias ginebrinas, muchos más pordioseros esperaban a los fieles a la salida del culto!

Teo-cracia: entre "clero-cracia" y "demo-cracia"

El término generalmente utilizado para definir la Ginebra calviniana es "teocracia". En su acepción literal de "gobierno de Dios" (*theos-kratia*), la designación puede ser admitida como pertinente para definir el carácter que Ginebra trató de asumir, es decir, el de una ciudad dirigida por la ley divina, de una comunidad en la que Dios era el Señor. Pero, para evitar los equívocos, hay que aclarar ciertos puntos. Los pontífices del siglo XIII, Inocencio II y Gregorio IX, ya recurrían a la misma terminología para elaborar los programas de la monarquía papal. En su óptica, que fue la concepción clásica de la Edad Media, la "teocracia" significaba que Dios gobierna el mundo a través de la Iglesia, en particular a través de su vicario, el papa. El poder civil —el "brazo secular"— es puesto al servicio de la Iglesia en la medida en que su autoridad era el reflejo de la voluntad de la Iglesia, según una imagen que se encuentra en todos los autores: como si una luna que refleja la luz del sol.

Este tipo de teocracia —que habría que calificar de "clerocracia", porque la Iglesia medieval estaba efectivamente constituida por su clero— no era el que buscaba Calvino. Dios, y más aún, Jesucristo, era ciertamente el señor de Ginebra —que lleva sobre sus armas el sol que se levanta y el monograma IES, designando a Jesús—, pero si los pastores tenían sobre sí la carga de la vida religiosa de toda la ciudad —cuyos habitantes se ven guiados e instruidos en vista a una vida conforme a los principios de la fe cristiana—, los que la gobiernan son sus hombres políticos. Las dos entidades que cumplen esta misión pedagógico-disciplinaria eran las que, en un lenguaje moderno, nosotros llamamos Iglesia y Estado, pero que Calvino designa con términos mucho más pertinentes, "compañía de fieles"[13] y "magistrados". La Iglesia no era una estructura de poder institucional sino una asociación de creyentes; los que dirigen la sociedad civil eran los magistrados, personas provistas de poder, pero sin ser necesariamente monárquicos, reyes o príncipes —¡lo que no eran seguramente los miembros del Consejo ginebrino!—.

Las dos entidades, la eclesiástica y la política, se sitúan sin embargo sobre el mismo plano en relación con la teocracia, el gobierno de Dios: independientes el uno del otro, están en igualdad en cuanto a su sumisión a la voluntad divina; en el ejercicio de su mandato o ministerio, el magistrado da cuenta de su trabajo a Dios, no a la Iglesia. ¿En qué tipo de comunidad civil pensaba, entonces, Calvino? Para un intelectual de formación humanista, la sociedad ideal era la ilustrada por Platón en *La República* y *Las Leyes*: bien que toda forma de gobierno sea posible y lícita, la república parece ser la menos peligrosa. La monarquía no es criminal en sí —por cierto, Calvino mantuvo una densa correspondencia con Eduardo VI, pero el joven soberano inglés se inclinó por la dictadura (es decir, el poder de uno solo). En cuanto a la democracia, entendida en el sentido de la delegación del poder a todo el pueblo, fácilmente podría derivar hacia la anarquía.

---

[13] La compañía medieval es la unión de los "compañeros" que tenían una actividad común de tipo artesanal.

Dirigida por un sistema complejo de consejo y de magistrados frecuentemente renovados, sobre fondo de una oligarquía constituida por antiguas familias y la burguesía ascendente, la pequeña república ginebrina le pareció a Calvino la forma de *polis* que mejor correspondía a su concepción teológica. Se podrá plantear si fue la realidad urbana de Ginebra la que determinó esta concepción o si esta última no sirvió para fundar y legitimar la ideología republicana. Sin embargo, es incontestable que esta reflexión le inspiró la concepción de una sociedad de tipo federal y republicana, que produciría sus frutos, en los decenios siguientes, en las Provincias Unidas, en la *Commonwealth* inglesa y en las primeras colonias luego estadunidenses. Incluso si esto no estaba previsto, eso fue lo que sucedió.

Los fundamentos de la civilización moderna

En este momento se pueden plantear dos preguntas. La primera, de orden historiográfico, puede ser formulada en estos términos: ¿a quién atribuir el éxito de la Reforma en Ginebra? Después de todo lo que hemos dicho hasta ahora, ver el resultado de la acción autoritaria de una personalidad, como se lee seguido en obras no solamente de apresurada vulgarización, sino incluso de historiografía universitaria, es verdaderamente superficial y perfectamente indefendible. La personalidad de Calvino fue ciertamente un elemento que hay que tener en cuenta, pero se inserta en una realidad mucho más compleja. El hecho de que Ginebra se haya vuelto la ciudad calvinista que se conoció históricamente, se debió a la combinación de factores históricos y de un proyecto. Hemos hablado largamente de los primeros: la suerte de la pequeña república estuvo determinada por su ubicación geográfica y por la situación política internacional. Le quedaba o ser satélite de Berna o de Saboya —protestante en un caso, católica en el otro—, pero, en los dos casos, siempre en una posición subordinada. Para salvaguardar la libertad y la identidad adquiridas con grandes luchas, Ginebra no podía colocarse en un nivel superior, imponiéndose gracias a una fuerte identidad, sostenida por grandes valores culturales. Para eso, era necesario un proyecto. El genio de Calvino consistió en haber sabido formular este proyecto y en proporcionar los instrumentos para realizarlo: la república de Ginebra no sería solamente una ciudad cristiana, un centro del cristianismo reformado, sino *la* ciudad cristiana por excelencia, el prototipo de una comunidad humana gobernada por la Palabra de Dios y viviendo para su gloria. Mucho más que la capacidad intelectual, los talentos de organizador o la coherencia del personaje, es esta síntesis de situación y de proyecto que pone a la luz la originalidad absoluta y el genio del reformador.

El historiador Alister McGrath (nacido en 1953) proporciona una lectura muy convincente al comparar la situación de Ginebra con la de San Gallen (canton suizo), donde la Reforma había sido introducida por Joachim Vadian (1483-1551). Personalidad prestigiosa de su tiempo, rector de la Universidad de Viena, humanista de nivel internacional, Vadian no fue en nada inferior a Calvino en el plano cultural, incluso hasta pudo ser superior. En cuanto a las dos ciudades, la situación es perfectamente idéntica —dimensiones, situación fronteriza, vocación comercial, estructura— y la coyuntura parece que fue incluso más ventajosa para San Gallen y su reformador, dada su estabilidad interna. En realidad, San Gallen y Ginebra conocieron destinos contrarios. La situación fue naturalmente diferente en Ginebra, porque frente a las murallas de la ciudad ya no estaba el imperio de Carlos V sino la Francia de Francisco I, y porque los proyectos de Iglesia, vida y sociedad, fueron muy distintos: Vadian consideraba la Reforma en el plan ético y moral, y pensaba que Calvino era un teólogo radical. Vadian es un pensador de escala local, Calvino tuvo una dimensión internacional; uno cultivó el estudio, pero no publicó más que muy pocas cosas en alemán, el otro era un fuego continuo de reflexiones y polémicas, que escribió en francés y en latín. San Gallen no tuvo proyecto, Ginebra lo tuvo.

La segunda cuestión está relacionada con la ciudad lemánica. Incluso si se abandona la imagen del Calvino tirano, se conservará el cliché de la ciudad esclavizada, vestida de negro y envuelta con un manto de una atmósfera fúnebre. Cierto. Las *Ordenanzas* renovadas en 1564 definieron la vida urbana en términos muy rigurosos, y no es ocasión de recordar una vez más que el encuadramiento de la vida no era muy diferente del que se conoce sobre el Milán de Carlos Borromée o el París de los devotos. La acción de Calvino no consistió en encorsetar con un moralismo rígido a los ciudadanos libres y espontáneos sino que fue más lejos. Se podría definir como la transición de leyes suntuosas de la Edad Media a la conciencia ética moderna, pues mientras que la legislación medieval era de tipo formal y buscaba mantener el equilibrio social al interior de la ciudad limitando el lujo de los peinados y de los vestidos para impedir que la burguesía se vistiera como la aristocracia, en la concepción calviniana se trató, más bien, de construir una moral que expresara el carácter cristiano de la existencia. Se intentó aplicar una ética que realizara plenamente la humanidad del sujeto y superase la obediencia formal a la costumbre y la tradición. Se trató, en resumen, de crear una ética interiorizada por la conciencia y un sentimiento de vocación. El legalismo puramente formal sería muy pronto ridiculizado por el *Tartufo*, de Molière, donde el gran cómico denuncia en términos despiadados la campaña de moralismo intolerante que la Compañía del Santo Sacramento llevó a cabo en Francia durante la época de Luis XIV. Si el proyecto de Calvino se realizó fue porque logró inculcar en la compañía de los fieles un séntimiento religioso fuerte y auténtico, favorecido también, como se ha visto, por la presencia constante de personas que hicieron opciones radicales en materia religiosa.

Desde esta perspectiva el historiador Emile Léonard (1891-1961), en su clásico estudio *Historia general del protestantismo*, ha podido titular el capítulo que presenta la epopeya ginebrina como "Calvino, fundador de una civilización".[14] El mayor éxito de Calvino fue haber creado en Ginebra un nuevo tipo de ser humano, "el reformado", y de haber diseñado los primeros trazos de la futura civilización moderna. Mientras que la Contrarreforma católica llenó a Europa de iglesias barrocas y de pinturas, Ginebra imprimió libros y educó a sus hijos en el colegio. Mientras que los nobles italianos y españoles, creyendo representar una realidad política permanente, fueron de corte en corte y de fiesta en fiesta, desperdiciando el poco dinero que poseían, los pequeños ginebrinos aprendieron que no se honra a Dios con procesiones y con catedrales o con batallas contra los turcos (Lepanto), sino desarrollando una vida honesta y laboriosa, y que no se es un ciudadano responsable únicamente en la edad adulta sino que también el joven estudioso puede hacer bien sus tareas. Cuando un relámpago cayó en 1564 y derribó la cruz de la catedral, los magistrados decidieron no reconstruirla de manera más fuerte y más alta sino, como buenos calvinistas que ya eran, suprimieron todas las cruces del campanario.

Tacui, Domine, quia fecisti (Sal 39:9)

Mientras que Ginebra asumió el carácter de una comunidad unida, consciente de su papel en la Europa protestante, Calvino pasó sus últimos años en condiciones particularmente dolorosas. Su estado de su salud se deterioró más y más: a las migrañas y los dolores de estómago se añadieron trastornos de la circulación y la tuberculosis. Pasaba noches de insomnio durante las cuales meditó indudablemente acerca de lo que había escrito en la *Institución*, cuando habla de la necesidad de "sufrir pacientemente la cruz":[15]

---

[14] Emile Léonard, *Histoire générale du protestantisme*. Paris, Presses Universitaires de France (PUF), 1961, vol. 1, p. 258

[15] *Institution Chrétienne*, libro III, título del capítulo 8.

...a nosotros nos es muy necesario por una multitud de razones vivir en una perpetua cruz. Primeramente, como quiera que estamos tan inclinados, en virtud de nuestra misma naturaleza, a ensalzarnos y atribuirnos la gloria a nosotros mismos, si no se nos muestra de manera irrefutable nuestra debilidad [...] para que no nos hagamos más orgullosos con la excesiva abundancia de riquezas, para que no nos ensoberbezcamos con los honores y dignidades, y para que los demás bienes del alma, del cuerpo y de la fortuna — como suelen llamarlos — no nos engrían, el Señor nos sale al paso dominando y refrenando con el remedio de la cruz la insolencia de nuestra carne.[16]

La cruz, que significa también el sufrimiento físico, en el caso particular, no busca humillar al creyente. No tiene papel meritorio, ni constituye una vía privilegiada hacia la santidad: ella debe solamente enseñar la renunciación, es decir, la renunciación al prestigio, a la consciencia de sí; y con el objeto de que el creyente pueda asumir su deber, una vez su vida "reformada". Después de 1560, la condición de Calvino continuó deteriorándose y pasó casi todo el invierno de 1563-1564 en la cama; incapaz de desplazarse, tenía que ser transportado en una silla al lugar de sus sermones y lecciones. Visto con escepticismo, este viejo desgarbado que atravesaba la ciudad montado en un sillón producía una imagen de fracaso, mientras que él era, en realidad, el ícono vivo no solamente de la coherencia que siempre predicó, sino también de la vocación de testigo que Ginebra ha recubierto como identidad. No es por casualidad que los ginebrinos se reagrupen con reverencia, como cuando desfila la bandera o su ejército.

El 2 de febrero de 1564 Calvino dio su última lección, el 6 predicó su último sermón. El 27 de marzo rindió su último homenaje a las autoridades del Palacio de la República, el 28 participó por última vez en la sesión del Consistorio, el 31 en la reunión de la Compañía de Pastores. Su última comunión la hizo el 2 de abril, día de Pascua, unido a todos los miembros de la comunidad. A partir de ese día, ya no saldría de casa; el reformador sería incluso saludado por los alcaldes y los miembros del Consejo, a quienes les pidió perdón por los excesos de temperamento y a quienes les recomendó servir fielmente a Dios. Con los pastores y el viejo Guillermo Farel, octogenario, en apresurado viaje desde Neuchâtel, evocó las peripecias de su vida en Ginebra.

El 25 de mayo, Calvino previno al tesorero de la ciudad de que ya no le enviase el sueldo, porque no ejerció su trabajo para la República durante este mes y está próximo a la muerte. Dos días después, el sábado

---

[16] *Institución de la religión cristiana*, III, 8, 2 y 5.

27 de mayo, expiró serenamente sin decir palabra. El secretario del Consejo anotó en su registro: "Este día, alrededor de las 8 horas de la noche, el respetable Jean Calvin se fue con Dios, santo y entero, gracias a Dios, [pleno] de sentido y de entendimiento".[17] Conforme a la ley ginebrina, su cuerpo fue enterrado en el cementerio de Plainpalais, sin ceremonia ni discursos, al lado de otros ginebrinos anónimos. Más tarde, el lugar de su sepultura sería señalado por una piedra que llevaba las iniciales J.C.

Se puede tener una idea de su sentimiento en estos días de agonía escuchando sus últimas palabras, una invocación, casi un suspiro: *Tacui, Domine, quia fecisti...*, es decir, el versículo 10 del salmo 39, "...cerré la boca, Señor, ya no la abriré, porque eres tú quien actúa". Pensaba probablemente en la prueba de su larga y dura enfermedad. O quizás con más probabilidad pensaba en su vida, que ponía completa en las manos de Dios.

Calvino e Italia

La relación entre Calvino e Italia siempre ha estado inspirada, recíprocamente, en una desconfianza mutua. Incluso, en algunos casos, esto ha provocado que se declarasen abiertamente las hostilidades. Los italianos advierten en este personaje frialdad, un rigor excesivo, una crítica radical a su tradición religiosa católica, en suma, todo lo contrario de la cultura en la que ellos se inspiran: el humanismo latino, escéptico, supersticioso más que religioso, "el particularmente mío" del que hablaba Guicciardini, el interés personal, el cálculo. Y el reformador veía en los italianos el tipo de catolicismo tradicional, formal, *politiquero*, que se encuentra debajo del papado —que rechazaba la Reforma—. Hay que reconocer que la experiencia directa de Calvino de la vida italiana o la corta estancia en Ferrara de Margarita de Francia, los dos eventos, no han hecho más que confirmar esta opinión: el lujo, la intriga, la corrupción de una corte italiana del siglo XVI, que estaba muy lejos de las concepciones del mundo deseado por el reformador. Esta actitud negativa de desconfianza hacia todo lo relacionado con Italia era ciertamente excesiva. Esta actitud olvidaba, sin embargo, que, en el origen del humanismo se encontraba la cultura italiana del siglo XV, y que Lorenzo Valla, uno de sus profesores, fue italiano.

También hay que decir que los italianos ocupaban un puesto nada despreciable en su vida, aunque casi siempre como interlocutores problemáticos. Mientras que la mayoría de los fieles de la pequeña iglesia

---

[17] *Œuvres complètes*, XXI, p. 815

italiana de Ginebra se adhirieron a la línea calviniana en materia de fe, no faltaron los espíritus estrechos que levantaron controversias. Con Giovanni Valentino Gentile que, refiriéndose a las tesis de Servet, cuestionaba la doctrina de Trinidad, hubo un intercambio de escritos polémicos, y lo mismo sucedió con Lelio Sozzini. Del fraile benedictino Giorgio Siculo, personaje misterioso de la Italia religiosa ahorcado en Parma por las autoridades, vino un ataque contra la doctrina de la predestinación que provocó una dura respuesta del reformador. Sin embargo, lo que suscitaó en Calvino la mayor aversión hacia los italianos fue la práctica del *nicodemismo*.[18] Esto ocurrió en el caso del abogado Francesco Spiera, de Verona, favorable a la Reforma, detenido y sometido a un interrogatorio que terminó cuando abjuró de su fe, pero, atormentado por los remordimientos, murió después de varios meses. Se trató de un caso que convulsionó a todo el mundo reformado europeo, dando lugar a un debate sobre el nicodemismo, el martirio y el testimonio de la fe.

Es sorprendente el número de obras de Calvino que fueron traducidas al italiano. No puede dejar de señalarse que, aparte del latín —la lengua de la comunicación cultural—, el italiano (después del francés), era la lengua moderna en donde se tiene el mayor número de traducciones de los textos calvinianos. Algunos títulos como el *Catechismo cio è formulario per ammaestrarei fanciulli ne la religione chistiana (*Catecismo para enseñar a los niños en la religión cristiana*)* o la otra publicación: *La forma delle preghiere ecclesiastiche di G. Calvino* (La forma de las oraciones eclesiásticas de J. Calvino*)*, fueron utilizados de manera prioritaria en la iglesia ginebrina.

Otros títulos abordaban problemas de fuerte actualidad y se dirigían a una audiencia más vasta, tal como la obra calviniana que afrontó el tema del nicodemismo: *Del fuggire le superstitioni che ripugnano alla vera e sincera confessione della fede* (De la fuga la superstición que repugnan a la verdadera y sincera confesión de fe), de la que se hicieron dos ediciones, una de ellas en Florencia, naturalmente con la falsa indicación de Basilea, así como *Il vero modo de la pacificatione christiana e de la riformatione della chiesa* (El verdadero modo de la pacificación cristiana y de la reforma de la iglesia), que toca el tema de la reforma de la iglesia en respuesta al *Interim*

---

[18] El término fue acuñado por Calvino, quien lo utilizó para designar a los protestantes que, para evitar la persecución religiosa, aparentaban un estricto catolicismo público. La palabra deriva de Nicodemo, un fariseo que, según el Evangelio de San Juan (3, 1-21), acudía a escondidas, por las noches, a escuchar a Jesús, aunque simulaba respetar estrictamente los preceptos judíos durante el día. El nicodemismo se aplicaba, pues, a una suerte de discípulos ocultos, pero siempre de forma censoria; el propio Calvino condenó a quienes preferían la máscara católica al testimonio de la verdadera fe, aunque tal testimonio condujera al martirio.

de Augusta. Un lugar muy especial merece la traducción hecha por el literato Julio César Paschali, de la *Institución* de 1541. Teniendo en cuenta el hecho de que el italiano era la lengua de mayor difusión en Europa en el siglo XVI, tanta publicidad documenta una penetración de la literatura calviniana en la propia Italia. Señores, ¡ningún editor imprime con la esperanza de no vender!

LECTURAS PARA PROFUNDIZAR

Adaptación: Leopoldo Cervantes-Ortiz

Obras de Juan Calvino en español

Institución de la Religión Cristiana. 2 vols. Trad. de Jacinto Terán. Buenos Aires, La Aurora, 1936, 1958.

Institución de la Religion Cristiana. 2 t. Trad. de Cipriano de Valera. Ed. facsimilar. Buenos Aires-México, La Aurora-Casa Unida de Publicaciones, 1952, 1960.

Institución de la Religión Cristiana. 2 t. [1968] Trad. de Cipriano de Valera. Rijswijk, Fundación Editorial de Literatura Reformada, 1981. Nueva edición: Buenos Aires-Grand Rapids, Nueva Creación-Eerdmans, 1991.

Institución de la Religión Cristiana. 2 t. Madrid, Visor, 2003.

Breve instrucción cristiana. 3ª ed. Rijswijk, Fundación Editorial de Literatura Reformada, 1990.

Catecismo de Ginebra publicado en español por primera vez el año 1550. Ed. facsimilar. Madrid, Fliedner Ediciones, 2016 (en prensa).

Respuesta al cardenal Sadoleto. 4ª ed. Rijswijk, Fundación Editorial de Literatura Reformada, 1990.

El libro de oro de la verdadera vida cristiana. Terrassa, CLIE, 1991.

La predestinación y la Providencia de Dios. San José, Confraternidad Latinoamericana de Iglesias Reformadas-Sola Scriptura, 2008.

Sermones sobre Job. Jenison, TELL, 1988.

Sermones sobre la obra salvadora de Cristo. Jenison, TELL, 1988.

Sermones sobre Efesios. Ciudad Real, Peregrino, 2010.

La Epístola del apóstol Pablo a los Romanos. Grand Rapids, Subcomisión de Literatura Cristiana, 1977.

Sumario de la Institución de la Religión Cristiana. Terrassa, CLIE, 1991.

Comentario a la epístola a los Hebreos. Grand Rapids, TELL, 1977.

Comentario a las Epístolas Pastorales. Grand Rapids, TELL, 1977.

Comentario sobre Génesis. Tomo 1. San José, Confraternidad Latinoamericana de Iglesias Reformadas-Sola Scriptura, 2012.

Comentario sobre Génesis. Tomo 2. San José, Confraternidad Latinoamericana de Iglesias Reformadas-Sola Scriptura, 2012.

Comentario sobre Josué. San José, Confraternidad Latinoamericana de Iglesias Reformadas-Sola Scriptura, 2012.

Comentario sobre Joel. San José, Confraternidad Latinoamericana de Iglesias Reformadas-Sola Scriptura, 2012.

Comentario sobre Jonás. San José, Confraternidad Latinoamericana de Iglesias Reformadas-Sola Scriptura, 2007.

Comentario sobre Judas y 2ª Epístola de Pedro. San José, Confraternidad Latinoamericana de Iglesias Reformadas-Sola Scriptura, 2011.

La necesidad de reformar la iglesia. Trad. de Joel Chairez. Edmonton, Landmark Project, 2007.

Gutiérrez Marín, Manuel, *Calvino. Antología.* Barcelona, Publicaciones Evangélicas del Noreste, 1971.

Recopilaciones

The Comprehensive John Calvin Collection, CD-ROM, The Ages Digital Library, Books For The Ages, AGES Software, Albany, Oregon, versión 1.0, 1998.

Hermann Selderhuis ed., *Calvini Opera Database* 1.0, DVD, Apeldoorn, Instituut voor Reformatieonderzoek, 2005.

Panoramas generales

Balderas Vega, Gonzalo, *Reforma y Contrarreforma: dos modos de ser cristiano en la modernidad.* México, Universidad Iberoamericana, 1996.

Dilthey, Wilhelm, *Hombre y mundo en los siglos XVI y XVII.* [1921] México, Fondo de Cultura Económica, 1944.

Elton, G.R., *La Europa de la Reforma: 1517-1559.* México, Siglo XXI, 1987.

Leith, John H., *An Introduction to the Reformed Tradition. A way of being the Christian Community.* Atlanta, John Knox Press, 1978.

Lindsay, Tomás, *Historia de la Reforma.* Tomo II. Buenos Aires-México, La Aurora-CUPSA, 1959. Nueva edición: *La Reforma y su desarrollo social.* Terrassa, CLIE, 1986.

Mackay, John A., *El sentido presbiteriano de la vida.* [1960] Trad. de Abel Clemente Vázquez. México, El Faro, 1970.

McKim, Donald K., ed., *Encyclopedia of the Reformed Faith*. Louisville-Edinburgh, Westminster/John Knox Press-Saint Andrew Press, 1992.

Ortega y Medina, Juan A., *Reforma y modernidad*. [1952] México, UNAM/Instituto de Investigaciones Históricas, 1999.

Troeltsch, Ernst, *El protestantismo y el mundo moderno*. [1951] México, Fondo de Cultura Económica, 1979. Edición conmemorativa: 2005.

Panoramas sobre Calvino y su tradición

Aranguren, José Luis L., "Calvino y el calvinismo contemporáneo", en *Catolicismo y protestantismo como formas de existencia*. [1963] Madrid, Alianza, 1980, pp. 122-142.

Casalis, Georges, "Juan Calvino, 1509-1564", en *Protestantismo*. Trad. de Violaine de Santa Ana. Managua, CIEETS, 1989, pp. 67-93.

Cervantes-Ortiz, Leopoldo, ed., *Juan Calvino: su vida y obra a 500 años de su nacimiento*. Terrassa (España), CLIE, 2009.

_____, *Un Calvino latinoamericano para el siglo XXI. Notas personales*. México, CUPSA-El Faro-Centro Basilea-Federación de Iglesias Protestantes Suizas, 2010.

Egido, Teófanes, "Calvino y los calvinismos", en *Las claves de la Reforma y la Contrarreforma*. Barcelona, Planeta, 1991 (Las claves de la historia, 16), pp. 55-65.

Ganoczy, Alexandre, "Calvinismo", en Walter Kasper *et al.*, eds., *Diccionario enciclopédico de la época de la Reforma*. Barcelona, Herder, 2005, pp. 75-77.

_____, "Juan Calvino", en W. Kasper *et al.*, eds., *Diccionario enciclopédico de la época de la Reforma*. Barcelona, Herder, 2005, pp. 77-84.

García Alonso, Marta, *Calvino (1509-1564)*. Madrid, Ediciones del Orto, 2009 (Biblioteca filosófica, 139).

González, Justo L., "La teología reformada de Juan Calvino", en *Historia del pensamiento cristiano*. Terrassa, CLIE, 2010, pp. 693-728.

Hoogstra, Jacob T., comp., *Juan Calvino, profeta contemporáneo*. Grand Rapids, TSELF, 1974.

Kuyper, Abraham, *Conferencias sobre el calvinismo, Cosmovisión bíblica*. San José, Confraternidad Latinoamericana de Iglesias Reformadas-Sola Scriptura, 2007.

"Juan Calvino, la Reforma en Ginebra y los inicios de la reforma en Francia", en Curso Básico de Historia Reformada, *www.reformiert-online.net/t/span/bildung/grundkurs/gesch/lek3/lek3.jsp*.

Léonard, Émile, "Calvino, fundador de una civilización", en *Historia general del protestantismo*. T. 1. Madrid, Península, 1967, pp. 263-314.

Martínez, Joan Alfred, *et al.*, eds., *Soli deo gloria: El llegat de Joan Calví (1509-1564) i la construcció de la modernitat.* Universidad de Valencia, 2012.

McKim, Donald K., ed., *The Cambridge Companion to John Calvin.* Cambridge University Press, 2003.

McNeill, John T., *The History and Character of Calvinism.* Londres-Oxford, Oxford University Press, 1967.

Palomino, Salatiel, *Introducción a la vida y teología de Juan Calvino.* Nashville, Abingdon Press, 2008.

Singer, C. Gregg, Juan Calvino: sus raíces y sus frutos. San José, Confraternidad Latinoamericana de Iglesias Reformadas-Publicaciones Sola Scriptura, 2003.

Stanford Reid, W., ed., *John Calvin: his influence in the western world.* Grand Rapids, Zondervan, 1982.

Varios autores, *Calvino vivo.* (*Libro conmemorativo del 450 aniversario de la Reforma en Ginebra).* México, El Faro, 1987.

_____, *Nueva Reforma. Quinto centenario,* núm. 85-86, Peregrino, 2009.

_____, *Historia, influencia y legado de Juan Calvino. Una aproximación evangélica en el 500 aniversario de su nacimiento.* Ediciones Andamio, 2010.

_____, *Calvino y la teología reformada en América Latina.* Barranquilla, Alianza de Iglesias Presbiterianas y Reformadas de América Latina-Corporación Universitaria Reformada, 2010.

Vidal Guzmán, Gerardo, "Juan Calvino: la religión de los elegidos", en *Retratos. El tiempo de las reformas y los descubrimientos (1400-1600).* Madrid, Rialp, 2009, pp. 247-260.

Biografías

Beza, Teodoro de, *The Life of John Calvin* [1564], en *https://archive.org/stream/lifeofjohncalvi00bz#page/108/mode/2up*

Cottret, Bernard, *Calvino: la fortaleza y la debilidad.* Madrid, Editorial Complutense, 2002.

Crouzet, Denis, *Calvino.* Barcelona, Ariel, 2000.

Ganoczy, Alexandre, *The young Calvin.* [1966] Philadelphia, Westminster, 1987.

Gomis, Joan, *Calvino: una vida por la Reforma.* Barcelona, Planeta, 1996.

Halsema, Thea van, *Así fue Calvino.* Grand Rapids, TELL, 1977.

Irwin, C.H., *Juan Calvino. Su vida y su obra.* México, Casa Unida de Publicaciones, 1981.

Walker, Williston, *John Calvin, the Organiser of Reformed Protestantism, 1509-1564*. Nueva York-Londres, G.P. Putnam's Sons, 1906 (Heroes of the Reformation, IX).

Temas teológicos

Andrade, Bárbara, "Un problema ficticio: la predestinación", en *El camino histórico de salvación*. México, Universidad Iberoamericana-Librería Parroquial de Clavería, 1989, pp. 225-234.

Barth, Karl, *The theology of John Calvin*. [1922] Grand Rapids-Cambridge, Eerdmans, 1995.

Besançon, Alain, "El reformador que desencarnó la encarnación" [italiano], en *L'Osservatore Romano*, 3 de julio de 2009, *www.vatican.va/news_services/or/or_quo/cultura/150q05a1.html*. Traducción: *Boletín del Jubileo de Juan Calvino 2009*, núm. 10-11, septiembre-octubre de 2009, pp. 3-5, *https://issuu.com/textoscalvinistas/docs/boletin10-11jubileojuancalvino*.

Boettner, Loraine, *La predestinación*. Grand Rapids, SLC, s.f.

Ferrier, Francis, *La predestinación*. México, Cruz, 1991.

Jewett, Paul K., *Elección y predestinación*. Jenison, TELL, 1992.

Larriba, Jesús, *Eclesiología y antropología en Calvino*. Madrid, Cristiandad, 1975.

Resines Llorente, Luis. "Dos versiones castellanas del Catecismo de Calvino", en *Estudio Agustiniano*, vol. 44, núm. 3, 2009, pp. 375-423.

Svensson, Manfred, "El acceso racional a Dios en la *Institución de la Religión Cristiana* de Juan Calvino", en *Veritas*, núm. 27, 2012, pp. 57-73, *www.scielo.cl/pdf/veritas/n27/art03.pdf*.

Temas sociales, politicos y económicos

Adrián Lara, Laura, *Dialéctica y calvinismo: una reflexión desde la teoría política*. kMadrid, Centro de Estudios Políticos y Constitucionales, 2015.

Arjona Mejía, Rubén, *De la sumisión a la revolución. La influencia de Calvino en el protestantismo francés*. México, Centro Basilea de Investigación y Apoyo, 2001.

Bastide, Roger, "Calvinismo y racismo", en *El prójimo y el extraño*. Buenos Aires, Amorrortu, 1970.

Biéler, André, *Calvin's economic and social thought*. [1959] Ginebra, Alianza reforma Mundial-Consejo Mundial de Iglesias, 2005.

_____, *El humanismo social de Calvino*. [1960] Buenos Aires, Escaton, 1973.

_____, "Hombre y mujer en la moral calvinista" [1963], trad. de R. Musselmann, en *El Faro*, septiembre-octubre de 1987, pp. 170-171.

_____, *Calvino, profeta de la era industrial.* [1964] Trad. de Luis Vázquez Buenfil. Posfacio de Edward Dommen. México, Casa Unida de Publicaciones, 2015.

Delmonte, Carlos, "Revisión del pensamiento social de Calvino", en *Cristianismo y Sociedad,* año II, núm. 8, 1965, pp. 96-114.

Dempsey Douglass, Jane, *Women, freedom and Calvin.* Philadelphia, Westminster Press, 1985.

Fanfani, Amintore, *Catolicismo y protestantismo en la génesis del capitalismo.* Madrid, Rialp, 1953.

García Alonso, Marta, *La teología política de Calvino.* Madrid, Anthropos, 2008.

_____, trad., ed. y estudio prel. *Juan Calvino. Textos políticos.* Madrid, Tecnos, 2016.

Gil Villegas, Francisco, "Max Weber y sus fuentes: historia de un argumento", en *La Gaceta del Fondo de Cultura Económica,* núm. 390, junio de 2003, pp. 13-15, *www.fondodeculturaeconomica.com/subdirectorios_site/gacetas/JUN_2003.pdf*

_____, "El argumento de *La* ética *protestante* de Weber y sus fuentes", en Max Weber, *La* ética *protestante y el espíritu del capitalismo.* México, Fondo de Cultura Económica, 2003, pp. 26-50.

_____, "Cien años de debate en torno a la tesis weberiana sobre la ética protestante", en *Sociológica,* México, Universidad Autónoma Metropolitana, año 20, número 59, septiembre-diciembre de 2005, pp. 137-169, *www.revistasociologica.com.mx/pdf/5908.pdf.*

González Pedrero, Enrique, "Reflexiones barrocas", en *Vuelta,* núm. 162, mayo de 1990, pp. 22-27, *https://issuu.com/textoscalvinistas/docs/pedrerobarrocas.*

Graham, W. Fred, *The constructive revolutionary: John Calvin & his socioeconomic impact.* Richmond, John Knox Press, 1971.

Gruchy, John de, *Liberating the reformed theology.* Grand Rapids, Eerdmans, 1995.

Haan, Rodolfo, *Importancia de Juan Calvino para la economía contemporánea. Un enfoque hermenéutico.* en *https://issuu.com/textoscalvinistas/docs/haan-calvinoeconomia-2011.*

_____, "Jean Calvin", en Roger Francillon, dir., *Histoire de la littérature en Suisse romande. I. Du Moyen Age à 1815.* Lausana, Payot, 1996, pp. 81-93.

Huesbe Llanos, Marco y Patricio Carvajal Aravena, *Martín Lutero y Juan Calvino: los fundamentos políticos de la modernidad.* Valparaíso, Ediciones Universitarias de Valparaíso, 2003.

Kofler, Leo, "La función social del calvinismo", en *Contribución a la historia de la sociedad burguesa*. Buenos Aires, Amorrortu, 1974, pp. 238-249.

La ética protestante y el espíritu del constitucionalismo: la impronta calvinista del constitucionalismo norteamericano. Bogotá, Universidad Externado de Colombia, 2003.

López Michelsen, Alfonso, *La estirpe calvinista de nuestras instituciones políticas*. [1948] Bogotá, Ediciones Tercer Mundo, 1966.

Meeter, H. Henry, *La Iglesia y el Estado*. Grand Rapids, TELL, s.f. Nueva edición: H.H. Meeter y Paul Marshall, *Principios teológicos y políticos del pensamiento reformado*. Grand Rapids, Libros Desafío, 2001 (Cosmovisión reformada).

Miegge, Mario, "*Foedus* y *vocatio*: la orientación reformada hacia la vida política", en H.S. Wilson, ed., *Christian Community in a changing society*. Ginebra, Alianza Reformada Mundial, 1991, pp. 29-35; en *Boletín Informativo* del Centro Basilea de Investigación y Apoyo, núm. 5, enero-marzo de 2002, *https://issuu.com/centrobasilea/docs/bol05-ene-mar2002*, versión de L.C.-O.

Ortega y Medina, Juan A., *Destino manifiesto. Sus razones históricas y su raíz teológica*. [1972] México, Conaculta-Alianza Editorial Mexicana, 1989.

Ortiz de Jesús, Milagros, *Luteranismo, calvinismo y su impacto en el desarrollo económico*. Río Piedras, Universidad de Puerto Rico-Escuela Graduada de Administración de Empresas, 1998.

Rey Martínez, Fernando, *La ética protestante y el espíritu del constitucionalismo : la impronta calvinista del constitucionalismo norteamericano*. Bogotá, Universidad Externado de Colombia, 2003.

Rivera García, Antonio, *Republicanismo calvinista*. Murcia, Res Publica, 1999.

Roldán, Alberto F., "La ética social y política en Juan Calvino Algunos desafíos para América Latina", en *Teología y Cultura*, año 6, vol. 11, 2009, pp. 33-44, *www.teologiaycultura.com.ar/arch_rev/vol_11/alberto_calvino_latinoamerica.pdf*.

Skinner, Quentin, *Los fundamentos del pensamiento político moderno. II. La Reforma*. México, FCE, 1986.

Tawney, Richard, *La religión en el origen del capitalismo*. [1926] Madrid, Dédalo, 1959.

Walzer, Michael, *La revolución de los santos. Estudio sobre los orígenes de la política radical*. [19] Buenos Aires, Katz, 2008.

Weber, Max, *La ética protestante y el espíritu del capitalismo*. [1905] Ed. crítica de Francisco Gil Villegas. México, FCE, 2003.

Los casos Servet y Castelio

Tausiet, María. "Mago contra falsario: un duelo de insultos entre Calvino y Servet", en *Hispania Sacra*, vol. 62, núm. 125, 2010, pp. 181-211.

Zweig, Stefan, *Castellio contra Calvino: conciencia contra violencia*. [1936] 5ª ed. Trad de Berta Vias Mahou. Barcelona, Acantilado, 2007.

Sitios de internet

Christian Classics Ethereal Library, *www.ccel.org/ccel/calvin*

www.juan-calvino.org, sitio patrocinado por la Federación de Iglesias Protestantes Suizas (SEK-FEPS).

Boletín del Jubileo de Juan Calvino 2009: *www.juan-calvino.org/es/calvin-actio/leer/leer.html&sid=d5a08d348b76756b1c222bfa73d96c71*

The John Calvin Bibliography, H. Henry Meeter Center for Calvin Studies, John Calvin Seminary, Grand Rapids, Michigan, *www.calvin.edu/meeter/publications/calvin-bibliography.htm*

www.ingramcontent.com/pod-product-compliance
Lightning Source LLC
LaVergne TN
LVHW030633080426
835513LV00019B/2399